分析与展望

中国中小微企业生存发展报告

（2017—2018）

任兴磊　李献平　杲传勇　主编

中国经济出版社
CHINA ECONOMIC PUBLISHING HOUSE
·北　京·

图书在版编目（CIP）数据

分析与展望：中国中小微企业生存发展报告.2017—2018/任兴磊，李献平，杲传勇主编.
北京：中国经济出版社，2018.3
ISBN 978-7-5136-1393-4

Ⅰ.①分… Ⅱ.①任… ②李… ③杲… Ⅲ.①中小企业—企业管理—研究—
中国—2017-2018 Ⅳ.①F279.243

中国版本图书馆CIP数据核字（2017）第317078号

责任编辑 余静宜
责任印制 马小宾
封面设计 华子图文

出版发行 中国经济出版社
印 刷 者 北京金明盛印刷有限公司
经 销 者 各地新华书店
开 本 710mm×1000mm 1/16
印 张 11
字 数 135千字
版 次 2018年3月第1版
印 次 2018年3月第1次
定 价 48.00元
广告经营许可证 京西工商广字第8179号

中国经济出版社 **网址** www.economyph.com **社址** 北京市西城区百万庄北街3号 **邮编** 100037
本版图书如存在印装质量问题，请与本社发行中心联系调换（联系电话：010-68330607）

《分析与展望：中国中小微企业生存发展报告（2017—2018）》编委会

Preface ▫ **序 言**

在第十二届中国中小企业家年会开幕式上的讲话

何丕洁

全国政协副秘书长

第十二届中国中小企业家年会组委会共同主席

大家好！在举国上下深入学习贯彻中共十九大精神之际，我们欢聚一堂，共同参加第十二届中国中小企业家年会。首先，我谨代表各主办单位，对百忙之中出席此次年会的各位同志表示热烈的欢迎和衷心的感谢！

本届年会的目的是，借中共十九大胜利召开的东风，学习习近平新时代中国特色社会主义思想，进一步明确新时代、新思想、新目标、新征程为我国未来发展绘就的新蓝图，对我国的经济，特别是民营经济发展的新要求，带来的新机遇，落实习总书记在报告中关于"支持民营经济发展，激发各类市场主体活力""保护和激发企业家精神""加强对中小企业创新的支持"等指示精神。为此，中国中小商业企业协会牵头、各党派中央社会服务部及相关部门机构参与联合主办本届年会，通过搭建主管部门、地方政府、产业主体、专家学者、新闻媒体之间的学习、交流和对话的平台，聚焦"匠心、赋能、价值、变革"四个重要话题和推动新修订的中小企业促进法实施，充分听取专家学者和企业家代表的意见和建议。

我们希望年会能够发挥“扬声器”的作用，为推动中小企业发展振臂一呼，使中小企业这一惠及民生、支撑经济的重要主体在解决“人民日益增长的美好生活需求和不平衡不充分的发展之间的矛盾”中发挥更加灵活有效的作用、受到更多的重视、得到更多的支持。古人有言：“顺风而呼，声非加疾也，而闻者彰。”通过年会这个平台，我们希望官、产、学、研各界代表等与会嘉宾，共同破解中小企业发展现有难题，共同展望新时代发展美好前景，为千万家中小企业发展提供积极的真知灼见、切实的智慧力量和良好的舆论氛围。

我们希望年会能够发挥“连心桥”的作用，使中小企业和政府部门、金融机构以及各相关服务组织之间的认知更加统一、关系更加紧密，继续朝着目标同向、措施一体、作用互补、利益相连的道路大步前进。进入新时代、面对新变革，中小企业服务市场扩容迅猛，中国中小企业服务平台必将始于协会，兴于市场，达于专注。

我们希望年会能够发挥“催化剂”的作用，增强中国经济发展活力，推进转型升级，点燃全社会创新创业热情。企业家是经济活动的重要主体，也是创新驱动的开拓者。在当今时代，中国企业想要续写光荣与梦想，必须进行转型升级的“二次创业”，这也呼唤更多具有企业家精神的“弄潮儿”投身其中、发挥智慧。

各位来宾，各位朋友！今天，我们在这里聚首，希望各位能够解放思想、拓展思维，广开言路、畅所欲言，期待大家在这个平台上出思想、出观点，见谋划、见对策，把这个年会开成一个有高度、有见地、有水平的盛会。我们将把重要的意见建议整理出来，提供给有关部门作为决策参考。让我们共同努力，用交流凝聚共识，用思想联通企业，用智慧助力发展，共同推进新时代中小企业前进的步伐，共同托起伟大祖国的美好明天！

谢谢大家！

Contents ▸ 目 录

发展报告篇

案例篇

政策篇

混合所有制改革与民营企业的投资机遇

季晓南

国有重点大型企业监事会前主席

党的十九大报告提出要贯彻新发展理念，建设现代化经济体系，加快完善社会主义市场经济体制。其中一项重要任务就是国资国企改革。并重点提出要完善各类国有资产管理体制，改革国有资本授权经营体制，加快国有经济布局优化、结构调整、战略性重组，促进国有资产保值增值，推动国有资本做强、做优、做大，有效防止国有资产流失；深化国有企业改革，发展混合所有制经济，培育具有全球竞争力的世界一流企业。

十九大报告在提出国有企业改革任务之后，紧接着又提出全面实施市场准入负面清单制度，清理废除妨碍统一市场和公平竞争的各类规定和做法，支持民营企业发展，激发各类市场主体活力。关于如何具体实施和推进混合所有制改革，以下三个观点供参考：

一、深刻理解混合所有制经济的内涵和意义

混合所有制经济讲了二十多年，到底什么是混合所有制经济？直到现在，大家的认识理解也不完全一样。我理解的混合所有制经济的本质，是不同所有制资本之间的融合，即资本的属性既有公有资本又有非公资本，同类资本融合不叫混合所有制经济。

公有资本和非公资本是两种不同所有制资本，它们的融合才可能产

生混合所有制，也符合基本经济制度本质规定和内在要求。问题在于如何将这种融合更好地体现和落实：既有公有经济的发展，也有非公经济的发展；既有国有企业的发展，也有民营企业的发展。怎么通过混合更好地将市场主体的积极性调动起来，这是混合所有制经济的一个出发点，也是一个重要的落脚点，而重点和难点是国有资本和民营资本融合。

很多人会将混合所有制改革与股份制改革混为一谈，二者还是有一定区别的。中外合资企业、国有和民营合资企业、公司制企业、上市公司、国有控股参股上市公司、整体上市企业、只做股份制改革而不上市的企业，不管什么样的类型，只要有不同性质资本参与的股份制就是混合所有制。另外，国有企业普遍很关注的国有控股加员工持股的模式，正在试点与推行，对调动国有企业积极性有很大的作用。各种公募私募融合的基金，像 PPP 模式，如果只有政府资本，只引入央企资本，那只能叫产权多元化，不能叫混合所有制；如果由政府牵头组织，民营资本参与 PPP，则可以称之为混合所有制。

混合所有制具有四个方面意义。

第一，混合所有制是基本经济制度的重要实现形式。要实现中国特色社会主义，习近平总书记在十九大报告中提出最重要就是坚持中国共产党的领导。要坚持和完善基本经济制度，以公有制为主体，多种所有制经济共同发展。怎么在搞市场经济的同时坚持公有制的主体地位？就是要找到基本经济制度的有效实现形式。

第二，混合所有制经济是形成竞争性市场结构的重要助推力量。十八届三中全会提出让市场在资源配置中起决定性作用。市场结构就是一个竞争性市场。按照国家工商总局统计，中国市场经济主体有 7400 万～7500 万。这种市场机构可以是竞争性的，也可以是垄断性的或者是寡头垄断的。发展混合所有制经济有助于竞争性市场结构的形成。习近平总书记早在十八届三中全会上就提出：国有资本、集体资本、非公资本等交叉持股、相互融合的混合所有制经济，是基本经济制度的重要实现形式。混合所有制经济有利于国有资本放大功能，保值增值，提高竞争力。

同时，混合所有制改革涉及一些被国有企业垄断的行业和领域对非公有制的开放，比如石油、天然气以及军工等行业。政府提倡军民融合，过去民营资本、社会资本不能进入军工行业，但是军民融合就要求对其开放。这有助于竞争性市场结构的形成，有利于市场在资源配置中更好地发挥决定性作用。

第三，混合所有制改革是深化国有企业改革的重要突破口。2016年年底，中央召开经济工作会议提出，混合所有制改革是深化国企改革的重要突破口。在十九大报告提出加快完善社会主义市场经济体制的12项任务之前，就已经明确提出，经济体制改革必须以完善产权制度和要素市场化配置为重点。

第四，混合所有制有利于调动国企和民企的活力和积极性。根据企业理论和普遍实践，一般而言，企业的产权结构决定了企业的体制机制，企业的体制机制决定了企业的活力动力，企业的活力动力决定了企业的竞争能力，企业的竞争能力最终决定了企业的经营效率。但中国强调以公有制为主体，国有经济要发挥主导作用，这是新时代中国特色社会主义要继续探索的重大问题。

产权制度改革是国企改革的重要基础。国企改革要解决深层次、长期面临的政企不分、机制不活问题，这些都涉及产权制度改革。过去推进股份制改革，股份制成为公有制的主要实现形式。十八届三中全会提出一个重大论断，即混合所有制是基本经济制度的重要实现形式。无论是股份制还是混合所有制，它的本质都是产权制度。发展混合所有制经济是中国特色社会主义制度的必然选择，是基本经济制度的本质规定和内在要求，也是全面深化国有企业改革的重要方向。

混合所有制经济的思想在1993年的十四届三中全会上就已经萌芽，正式使用混合所有制经济的概念和术语是在1997年9月，到今年是20周年。社会各方面一直关注股份制改革，混合所有制改革真正热起来是在十八届三中全会之后。为什么？一是国企改革，二是重大产权制度改革，三是宏观的国际竞争力。2008 年美国次贷危机引发金融危机以后，外部需求和国内有效需求都大幅下降，各种企业都面临重大压力，尤其是中小民营企业。大家要寻求如何在这种艰难的情况下更好地生存发展。国企管理人员认为中央文件提出的混合所有制改革后的企业，国企可以持股；民营企业认为混合所有制改革给民企发展提供了一个新的契机，原来垄断、排他性的行业的进一步开放，有助于缓解“国进民退”的局面。所以发展混合所有制经济受到了各方广泛关注和欢迎。

二、积极稳妥推进混合所有制经济发展

发展混合所有制经济归纳起来有两个关键问题，第一个是混合所有制经济面临的一系列深层次的矛盾和问题，第二个是混合所有制改革的有效途径和方式。

发展混合所有制经济要解决的一系列深层次的矛盾和问题，不仅仅涉及混合所有制经济。2018 年是改革开放 40 周年，也是国企改革 40 周年，国企改革在整个经济体制改革中具有十分重要的地位。但很多人对国企改革并不满意，认为跟期望相差甚远。混改主要涉及 12 个方面的问题。第一，如何调动国资和民资的积极性，既然国有、民营资本是混改的重点难点，双方就要有积极性；第二，有效的民营资本如何与巨额的国有资本结合好；第三，国有、民营企业在经营管理上的一系列差异如何协调；第四，国有企业内部员工怎么持股，怎么更加科学有效地持股；第五，国企管理人员和员工担心混改后会丢掉饭碗的问题如何化解；第六，垄断行业如何改革；第七，国企现有体制机制能不能适应混改后的干部制度、用工制度、决策机制、破产机制等一系列机制；第八，国有资产监管体制如何适应混改要求；第九，资本市场如何满足或适应混改要求，如果不解决国有企业一股独大的问题，混改后很多问题依然很难改变，因此要减持国有股，对一部分持股比例很高的企业如中

石油、中石化进行非公减持；第十，混改中如何有效避免国有资产流失，如何评估国有资产定价等系列问题；第十一，混改企业党建工作如何开展；第十二，混改后如何巩固加强公有制的主体地位。这涉及一系列的重大理论设计问题。

十八届三中全会结束不久，全国政协组织了一次混合所有制经济研讨会。很多世界500强企业的管理者受邀参加，王健林是其中之一。在问到王健林如何看待混合所有制经济时，王健林很坦率地说："如果不让我控股，我不会出一分钱跟国企合作。"国企怎么能随便让你控股？国有企业和民营企业特别是世界500强企业合作，如果让民营企业控股，就会涉及合并报表的问题。报表并到哪个企业？报表对于很多央企、国企、民企的管理人员来说，都有着很重要的参考作用，也决定着他们是否要根据业绩需要进一步持股。

另外，民营资本怎么跟国有资本相匹配？国家电网、中石油、中石化的资产总额超过四万亿元，净资产两万多亿元。现在的中国首富由马云或者王健林交替领跑，他们的个人财富也就是两千多亿元。民营企业非常看重国有企业拿出资产是否优质和高效，他们才愿意去做混改。同时，民营企业考虑把优质高效资产或资金拿出去，而只占10%的份额，将来还要缩小，10%税后净利润30%上缴国家分红，企业没有积极性。还有一个实际问题是那么多离退休员工，是由企业财务兜底，还是银行兜底，还是证券市场兜底？

混改是个社会系统性工程。中石化搞混改，拿出资产总额3400多亿元的销售板块30%的股权，引入25家民营企业。如果把土地多年增值算进去，资产总额会达到七八千亿元，8000亿元的30%就是2400亿元。王健林把个人名下所有的财富都变现也才是国有企业一个板块的30%。国企混改需要大量的社会资本，民营企业必须抱团才能实现。

2016年，国有控股上市公司1082家，约占上市公司总数的1/3，其中中央企业控股的上市公司395家。国有控股上市公司的资产占全部国有企业资产的60%。这么多股份制企业，国有资本在其中持股比例过高，一股独大。以石油行业混改为例，中石化 A 股持股比例高达 75%，中石油持股比例高达 85.6%，其他股东根本不具有话语权。2016 年，中国进口石油 3.8 亿吨，对外依存度达到 65%，并且还在上升。如果不到海外收购投资，光靠进口，一旦出现问题，将对中国宏观经济造成很大冲击。中国三大油企，“十二五”期间在海外高位收购，但油价在低位，于是出现了前几年三大油企利润一度大幅增加，之后又集体亏损的局面。再比如，中石油现有在岗员工 150 万人，加上离退休人员共计 400 万人，这种巨型企业如果出现重大问题，连政府都兜不住，会对社会和中国经济造成巨大冲击。这样的情况下，混改是个好的路径。个人认为中石油没有必要控股 85.6%，51% 的股权就可以保持绝对控股。中央提出来要打造具有全球竞争力的世界一流企业，如果背负着一大堆的社会负担，怎么可能成为具有全球竞争力的世界一流企业。这些问题都要逐步解决。还有混改中的党建问题，习近平总书记在 2016 年 10 月 10 日全国党建会上的讲话强调，要确保企业发展到哪里，党的建设跟进到哪里，党支部的战斗堡垒作用就体现在哪里。

所以，混合所有制改革面临一系列的深层次矛盾和问题，中央关于混合所有制经济的提法也在不断变化。2013 年召开的十八届三中全会，中央强调“积极发展混合所有制经济”，2014 年 3 月的政府工作报告中提出要“加快发展混合所有制经济”，2015 年的政府工作报告中是“有序发展混合所有制经济”；而 2016 年 8 月 24 日《中共中央、国务院关于深化国有企业改革的指导意见》中提的是“发展混合所有制经济”，没有“积极”，没有“加快”，也没有“有序”，就是“发展”。2016 年年底召开的中央经济工作会议强调，混合所有制改革是国企改革的重要突破口，到了十九大，指出深化国有企业改革、发展混合所有制经济很重要，但是面临一系列的深层次矛盾和问题。

三、把握混合所有制改革带来的投资机遇

中央确定的发展混合所有制经济的原则，是因地施策、因业施策、

因企施策。即使面临深层次的矛盾和问题，国企改革和混合所有制改革也要迎难而上，探索有效的改革办法。要分类分层推进，鼓励各类资本参与国企改革，鼓励国资入股非国企。要探索实行国有控股企业混改试点，探索混合所有制员工持股，推进整体上市。

2017 年 10 月，国家发改委、国资委组织了两批共 19 家央企混改试点，其中第二批混改引起了广泛关注。第三批 31 家试点企业也已经确定，目前正在积极推进。2017 年两会期间，国资委主任肖亚庆答记者问时强调，2017 年混合所有制改革的突破口要进一步扩大，符合条件的三四级企业可以进行混改，并强调混改确实要让各个股东方、利益方都得到利益。

在一系列重要讲话和政策措施的推动下，民营企业应把握混合所有制改革带来的投资机遇。个人认为混改将为民营企业带来六个方面的投资机遇。一是国企改革重组带来的增值扩股机遇；二是国企转让或减持国有股带来的机遇；三是垄断行业改革带来的机遇；四是政府和社会资本合作，特别是 PPP 模式带来的新机遇；五是转让特许经营权或购买公共服务为民营企业提供的机遇，特别是对中小民营企业来说机遇更大；六是组建各类混合基金的机遇。

组建混合基金对民营企业来说有一定的市场想象空间。2016 年 8 月 18 日，中国国新公司、中国邮政储蓄银行、中国建设银行、深圳市投资控股有限公司共同牵头设立中国国有资本风险投资基金，总规模两千亿元，首期一千亿元的目标目前已经完成。2016 年 9 月 26 日，中国诚通集团发起成立国有企业结构调整基金，总规模达到 3500 亿元，现在到位 650 亿元左右。

另外，除了结构调整基金、风险基金，还有军民融合产业发展基金、贫困地区产业发展基金。国有企业结构调整基金，目前共计投资了 17 个项目，基本上都是地铁基建类投资量大的项目。但是大基金下面可以成立若干子基金，让民营企业参与。有两个可以参考的案例 。一个是北京产权交易所第一任总裁退休后成立了一个私募基金，也是世界最大的单一结构基金。其中，与世界第一大银行——中国工商银行北京分行，搞了一国企混改基金，本身也是一个混合所有制。当然这跟其过去长期从事的工作有关，对行业比较熟悉。另外一个是在结构调整基金下面设立私募子基金，重点鼓励投资在大健康领域有潜力的企业。在未来，生命健康、人工智能、大数据等领域肯定都有很重要的突破。中小民营企业还是很有机会的，需要积极探索，如何抱团选择好的项目合作。

新时代下，企业抓住机遇赢得挑战

许科敏
工信部产业政策司司长

党的十九大做出了中国特色社会主义进入新时代的重大论断，明确了我国发展新的历史方向。结合在企业的工作调研，我有四点感受：

一是新一轮工业革命正在兴起。初期的特征是信息网络技术的加速创新，对制造业的融合、渗透不断加速，对企业传统经营理念、生产方式、组织形式、营销模式等产生了深刻的影响，新产品、新模式、新业态、新产业层出不穷，大众创业、万众创新形成热潮。

二是市场竞争更加激烈。十九大报告指出，我国经济已由高速增长阶段转向高质量发展阶段，社会的主要矛盾已经转化为人民日益增长的美好生活需要和不平衡不充分的发展之间的矛盾。这说明过去靠数量和规模扩张的时代已经过去，过去海浪式的消费也已经被个性化的消费所取代，在这种情况下，企业如果不能适应这些变化，就会被市场无情地淘汰。

三是低成本的竞争优势正在逐步丧失。各种资源要素成本不断上升，特别是人工成本的大幅度上升是刚性的。企业利润空间不断被挤压，在政府不断出台措施降低企业制度性和交易成本的同时，如何在内部挖掘潜力、降低成本、增加效益，是企业普遍面对的重大问题。

四是政策环境不断改善。十九大报告提出，建设现代化经济体系必须把发展经济的着力点放在实体经济上，要求增强金融服务实体经济的能力，而中小企业正是实体经济的主体。近年来，国家高度重视中小企业，出台了一系列“放管服”改革、商事制度改革、减税降费、普惠金融、双创平台、服务体系建设等支持政策与措施，中小企业发展环境正在不断优化，特别是全国人大新修订了《中小企业促进法》，为中小企业的发展提供了法律保障。

总的来看，在新时代，中小企业的发展是机遇与挑战并存，机遇大于挑战。当然，企业要抓住机遇赢得挑战，除了政策支持外更重要的是企业自身努力。针对未来企业发展，我有以下六点建议：

第一，推进智能制造。在国务院发布的《中国制造2025》中明确提出，智能制造是“两化”深度融合的主攻方向，企业要运用互联网技术，着力发展智能装备和智能产品，全面提升企业研发、生产、管理和服务的智能化水平。工信部已开展了智能制造试点示范专项行动，先后确定了206个智能制造的试点示范项目，可以供企业进行经验借鉴。

第二，聚焦细分领域。中小企业要专注于自己擅长的领域和产品，也就是李克强总理提出的“十年磨一剑”，不能盲目地多元扩张。实践证明，“专精特新”是中小企业发展的成功之路，中国已有一批企业在细分领域精耕细作，进入了世界前列。工信部开展了制造业单项冠军企业培育提升专项行动，已经遴选出一批市场占有率在全球前三的单项冠军示范企业54家，全球市场占有率排名前五的培育企业50家。目前第二批正在遴选当中。

第三，淘汰落后产能。随着资源环境约束的日益增强，推动企业淘汰落后产能的工作力度不断加大。2017年3月，工信部等16个部委联合印发《关于利用综合标准依法依规推动落后产能退出的指导意见》，把落后产能的界定标准从主要依靠装备规模和工艺技术标准，转向能耗、环保、质量、安全和技术等综合标准，进一步加大执法力度，建立市场化、法治化、常态化的工作机制。

第四，发展服务型制造。服务型制造是制造业与服务业融合发展的新兴产业形态，是制造业转型升级的重要方向，企业要通过创新优化生产组织形式，运用科学的管理方式和商业发展模式，不断增强、增加服务要素在投入和产出中的比重。从以加工组装为主向"制造+服务"转型，从单纯出售产品向出售"产品+服务"转变。服务型制造目前已经是国际和国内制造业发展的趋势。作为"中国制造2025"的"1+X"配套体系，工信部等三部门出台了《发展服务型制造专项行动指南》，遴选出第一批示范企业30家，示范项目50个，示范平台30个。第二批也正在遴选中。

第五，加强企业管理。管理是企业永恒的主题，没有一流的管理就不可能造就一流的企业。企业不仅要重视技术创新，还要重视管理创新。工信部会同有关部门出台了《关于引导企业创新管理提质增效的指导意见》，并且以购买服务的方式委托有关行业协会开展为企业，主要是中小企业送服务的活动。

第六，培育企业文化。中国的制造业大而不强，一个重要原因就是在文化软实力上存在较大的差距。十九大报告提出要激发企业家精神，弘扬劳模精神和工匠精神。因此，要大力建设企业的文化，营造诚实守信和精益求精的文化氛围，提高企业软实力。

中国的企业要适应发展形势，掌握发展政策的导向，顺势而为，从而达到推动企业做强做大的目标。

商事制度改革是深化“放管服”改革的当头炮、先手棋

徐晓东
国家工商总局企业监督局副局长

在党的十九大报告中，习近平总书记全面回顾总结了十八大以来我国经济社会发展取得的巨大成就和全面深化改革取得的重大突破，特别提到了政府职能转变和全面深化改革这两项重要变革。过去五年，商事制度改革从开始推进到不断深入，也取得了巨大的成就，商事制度改革是围绕经济体制改革，正确处理政府与市场关系，深化“放管服”改革的当头炮、先手棋。围绕改善营商环境的商事制度改革重点，主要有三个方面的重要内容。

一是营造宽松便捷的准入环境。改革企业准入制度，企业注册资本由实缴登记制改为认缴登记制，“先证后照”改为“先照后证”，在企业的住所登记、名称登记以及退出等方面都进行了一系列的改革。同时，为降低企业制度性交易成本，还实施了从三证合一、五证合一到多证合一的改革，让企业少跑腿、信息多跑路，大大提高了创办企业的效率。

二是营造公平有序的竞争环境。把过去的企业年检制度改为企业年报公示制度，把原来的市场巡查改为随机抽查，实行了“双随机、一公开”的监管改革，保证了监管执法中的公平公正。建立了国家企业信用信息公示系统，把企业年报信息、抽查检查结果信息公布到网上，形成企业自治、行业自律、社会监督、政府监管的社会共治格局，使市场环境进一步优化。

三是营造安全放心的消费环境。通过打击假冒伪劣行为，发挥社会监督作用，使消费者的权益保护得到加强，消费环境逐步改善，有利于促进消费的增长。

根据世界银行营商环境报告，中国在全球的营商便利度排名由前几年的96位上升到78位，提升了18位。商事制度改革以来，“宽进”“严管”同步推进，激发了市场活力，规范了市场秩序，为各类企业特别是中小企业的发展营造了非常有利的环境。据统计，截至2017年三季度末，全国实有企业2907.23万户，其中内资企业2854.96万户，外资企业52.27万户，注册资本总额274.3亿万亿元。

商事制度改革以来，企业数量每年以20%左右的速度高速增长。2017年前三季度日均新设企业数量达到1.65万户，也就是每天全国新设企业1.65万户，是改革前日均新设企业数量的2倍以上。每千人拥有企业的数量，目前已经达到了21.03户，相比于2012年底的10.09户翻了一番。民营企业活力迸发，民间投资持续活跃。

小微企业成为大众创业、万众创新的主力军。2012年9月至2017年9月期间，注册资本在1000万元以下的中小企业成为增长的主力，对企业总体数量增长的贡献率达到85%。

党的十九大报告提出的深化商事制度改革、支持民营企业发展、完善市场监管体制等工作任务，吹响了服务中小企业发展的进军号角。我们深感责任重大、使命光荣，下一步将继续推进多证合一、证照分离、企业登记全程电子化、电子营业执照、企业名称管理改革等改革工作。同时，抓紧落实各项事中事后监管改革举措，全面推行“双随机、一公开”监管，加强信息共享，联合、承接、促进协同监管，运用大数据推进智慧监管，使企业市场准入更加便捷，营商环境进一步优化。

工商行政管理部门要着力廓清边界，避免大包大揽的保姆式监管，引导企业强化主体意识，引导企业主动肩负起诚信经营的首要责任。企业家也要积极履行主体责任和法定义务，为企业自身发展和经济社会健康可持续发展做出积极贡献。

“一带一路”——中小企业施展才华的机遇与空间

欧晓理
国家发改委西部司巡视员

“一带一路”这样宏大的国际合作会给企业带来什么样的机会？

第一，经过近40年的改革开放，中国取得了令全球瞩目的成就。如果仔细研究的话，开放的重要性就更为突出。为什么呢？中国经济的快速发展得益于改革开放，而很多改革的内容又是靠开放来倒逼的。通过开放来促进改革，使得中国发生了翻天覆地的变化。改革开放前20年的主要方向是向太平洋、向发达国家开放，向印度洋、向德国的开放实际上远远不够。

现在，中国已经融入世界，中国也将继续保持向前发展的态势，这就意味着进一步的开放。所以，“一带一路”这一倡议，其实是要求我们在继续做好向东开放、向太平洋开放的同时，把注意力转到向德国的开放、向印度洋的开放、向欧亚非大陆的开放。

未来，我们要深耕欧亚大陆，这片区域人口众多、资源丰富，《一千零一夜》将这片区域称为“流淌着蜂蜜的地方”。但是由于近现代以来各方面原因，它成了冲突和贫困的代名词。通过”一带一路”倡议，可以把这片区域的潜力挖掘出来。这片区域本身的发展可以带动全球经济的发展，在全球经济企稳复苏的关键节点发挥重要作用。推动“一带一路”建设，将有助于扩大中小企业在各个领域施展才华的空间。

第二，2013年，在起草”一带一路”倡议的规划时，国家发改委与商务部相关同志进行会商后，做出一个重要的判断，就是中国正处在一个从以“引进来”为主到“引进来”和“走出去”并重转变的时间窗口。2015 年，中国对外投资的数额已超过中国直接引进外资的数额。而在此基础上，在大规模“走出去”的同时还必须要高质量地“引进来”。过去，一些中国企业考虑到自身的发展，为了在全球范围内掌控资源、布局市场、取得技术领先的地位，已经率先“走出去”，但闯荡全球市场只是企业自身的一项决策。股市里有一句话：在股市里想发财，就要跟着国家政策走。过去企业“走出去”是企业自身的行为和决策，现在企业“走出去”，实际上是在履行国家的战略和意志。

在“一带一路”推进的过程中，中国政府跟沿线各个国家的政府有着密切的政策沟通，“一带一路”的理念和原则也逐渐得到了沿线国家的肯定和认可。过去企业“走出去”，可能会碰到各种困难，只能主动找使馆等相关途径帮助协调解决。但是现在情况会有所变化，因为企业“走出去”是在履行国家战略，使馆和商务处会主动了解企业遇到的问题和困难，并提供更多的帮助。

第三，现在有些国家为了抹黑中国，说中国“走出去”的都是传统产业。中国不否认，因为大部分“走出去”的传统产业，符合这些国家当前发展的实际需求。“走出去”的并不代表是传统落后的或者是被淘汰的，比如沙特 2015 年螺纹钢的年产量是 100 万吨，相当于中国一家小钢厂的年产量，螺纹钢在中国产能过剩的淘汰范围内，但这正是沙特需要的。

在与外交部、商务部相关同志去“一带一路”中亚地区调研时，我非常有感触。哈萨克斯坦的石油和铀资源丰富，中国和日本 70% 的核用铀从哈萨克斯坦进口；粮食资源同样非常丰富，人均 GDP 排在全球前 50 名。一位当地记者用寓言体写了一篇文章，在哈萨克斯坦引起了热烈的讨论。文章的大致内容是：纳扎尔巴耶夫总统提出 2050 年人均 GDP 进入全球前 30 名的目标，但因为年事已高逝世了。总统在天堂向上帝请假，说这一辈子心血都在这块土地上，他想去看看这帮家伙实现了目标没有。纳扎尔巴耶夫总统自 1991 年苏联解体、哈萨克斯坦建国就一直做总统，于是上帝就准了他的假。总统从遥远的天堂回到了哈萨克斯坦，看到高速公路、立交桥、高楼大厦都有了，心里非常高兴，之后到商场，看到商品琳琅满目什么都有，也非常高兴。心里唯一有一点不高兴的是大部分商品都是中国制造。因为路途遥远，又累又渴，总统就从货架随手拿了一瓶矿泉水，拧盖子准备喝的时候，发现盖子上写了“娃哈哈5块”。这篇文章引发了全民讨论，为什么？我觉得是因为这篇文章反映了民间的一种情绪、一种诉求，就是希望有自己的产业化、有自己的工业化。

而“一带一路”的产业输出其实也是帮助沿线国家实现产业化和工业化的国家诉求。李克强总理前往哈萨克斯坦访问的时候，签订了200多亿元产能合作的大单，其中就有传统的水泥、玻璃等产业，这些产业哈萨克斯坦没有，而我们的产业正好可以作为有效的补充。

第四，随着这几年“一带一路”建设的推进，国际社会越来越响应。2016年11月17日，联合国大会做出一项决议，呼吁国际社会为“一带一路”推进提供安全保障。2017年3月17日，联合国安理会做出决定，呼吁国际社会凝聚援助阿富汗共识，通过“一带一路”建设等加强区域经济合作，敦促各方为“一带一路”建设提供安全保障环境、加强发展政策战略对接、推进互联互通务实合作等。2017年9月，第72届联合国大会又把“一带一路”的“共商、共建、共享”原则，列入联合国全球治理决定中。“一带一路”被全球社会接受的程度越来越高，西方发达国家的著名跨国公司也嗅到了“一带一路”建设的巨大商机，纷纷提出要跟中国合作，这也为中国企业家与国际大企业合作提供了机会。

近期，英国驻中亚五国大使联名一起到北京就英国企业与中国企业在中亚的合作机会进行了交流座谈。美国副国务卿助理、负责中亚和南亚事务的最高级别官员，主动找到我们就美国企业与中国企业在中亚合作的可能性进行了洽商。所以说，“一带一路”为中国企业与国际上知名企业合作提供了一个机会。

现在有一个说法，“一带一路”建设主要是央企或者国企在参与，与民营企业、中小企业没有关系。实际上这种说法是有误的，至少是不准确的。为什么？2017 年 10 月，国家信息中心发布了“一带一路”大数据报告，得出了这样几个结论：第一，中国企业在“一带一路”上的影响力在逐年提升；第二，最有影响力的前 50 家企业中，有 42% 是民企、36% 是央企、20% 是地方国企、2% 是合资企业。可见，在“一带一路”建设方面，央企是主力军，民营企业、中小企业是生力军。造成之前那种错误印象的原因跟宣传有关。我们看到的宣传项目大部分都是央企参与的铁路、港口、桥梁、高速公路等大项目。实际上，国企和民企在“走出去”的过程中，在参与“一带一路”建设的过程中，有不同的分工与定位，不同类型的企业在不同领域发挥的作用也不一样。在产业园区的建设和运营上，在快速消费品及重大项目的配套上，中小企业、民营企业会更有生命力。所以，“一带一路”为中小企业提供了施展自己才华和抱负的空间。

新时代新征程新方略，中小企业发展战略机遇

王建翔
泸州市人民政府副市长

中国在1955—1978年，用了30多年的时间把自己从一穷二白、与世界主要资本主义国家的工业基础相比落后200余年的状态，变成了世界上主要的工业大国。中国用30年的时间走过了西方200年的时间。中国是世界上唯一拥有联合国产业分类中全部工业门类（39个工业大类、191个中类、525个小类）的国家，形成了“门类齐全、独立完善”的工业体系，小到螺丝钉等基础零件，大到通讯、航天、高铁，可以随时就地取材。

在1978—2010年的32年间，中国经济年平均增长9.9%，被国际社会誉为“中国经济奇迹”。2001年诺贝尔经济学奖获得者、世界银行首席经济学家、美国哥伦比亚大学教授约瑟夫·斯蒂格利茨说：“世界上还从未出现过如此大规模而又持久的经济增长。”

2010年，中国GDP达到39.8万亿元，即5.88万亿美元，超越日本成为世界第二大经济体。2012年，中国GDP达到51.93万亿元，即8.36万亿美元，为美国GDP的52.8%。2015年，中国GDP达到67.67万亿元，即10.42万亿美元，为美国17.87万亿美元GDP的58.3%。2016年，中国GDP达到74.41万亿元，即11.22万亿美元，为美国18.57万亿美元GDP的60.41%。

2010年，根据经济咨询机构HIS环球透视（IHS Global Insight）的估算，中国的制造业产出占世界的19.8%，略高于美国的19.4%，成

为世界第一制造业大国。中国有1亿产业工人从事制造业，而美国只有1100万。中国制造业凭借成本的比较优势特别是劳动力成本的优势，在过去30多年间承接了全球最大规模的国际产业转移。

《财富》杂志发布了2016年世界500强排行榜，沃尔玛连续3年排名第一，2015年营业收入达4821亿美元。中国上榜公司数量创纪录地达到110家。前5位中有3家中国公司：国家电网、中石油、中石化。华为公司从2015年的228名上升至129名。13家中国内地公司首次上榜，其中包括京东、美的、万科、万达和恒大。中国和美国的差距正在大幅地缩小，俄罗斯差不多是中国的1/8。

明朝万历年间，中国GDP占全球的36%。康乾盛世时期，中国GDP占全球的33%。改革开放前，中国GDP只占全球的4.6%。目前，世界第二大经济体的GDP占全球的比重为14.8%，美国为24.3%。由此看来，中国还没有实现伟大复兴。

伟大斗争、伟大工程、伟大事业、伟大梦想决胜全面建成小康社会，开启全面建设社会主义现代化国家新征程。从现在到2020年，是全面建成小康社会的决胜期。从十九大到二十大，是"两个一百年"奋斗目标的历史交汇期。综合分析国际国内形势和中国发展条件，从2020年到本世纪中叶可以分两个阶段来安排。第一个阶段，从2020年到2035年，在全面建成小康社会的基础上，再奋斗15年，基本实现社会主义现代化。第二个阶段，从2035年到本世纪中叶，在基本实现现代化的基础上，再奋斗15年，把我国建成富强民主文明和谐美丽的社会主义现代化强国。

当前，我国经济已由高速增长阶段转向高质量发展阶段，正处在转变发展方式、优化经济结构、转换增长动力的攻关期，建设现代化经济体系是跨越关口的迫切要求和中国发展的战略目标。而建立现代化经济体系意义重大，中国要在深化供给侧结构性改革、加快建设创新型国家、实施乡村振兴战略、实施区域协调发展战略、加快完善社会主义市场经济体制、推动形成全面开放新格局等方面聚焦。

供给侧结构性改革主要有“三去、一降、一补”五大重点任务：去产能、去库存、去杠杆、降成本、补短板。

首先是去产能。企业过剩产能退出市场之后，企业会面临工人失业、下岗的问题，这些工人的工资、福利、医保、社保由谁来承担？中央、地方以及企业各自承担多大比例？

其次是去库存。以房地产为例，什么叫库存？国际上有一个标准，就是房子盖好之后一年半卖不掉，就是库存。2015 年，中国的房屋闲置率是46%，高于世界平均水平的 4.5 倍以上。按照狭义的去库存概念，需要 6 ~7 年的时间，才能把商品代售面积、尚未开工的面积以及在建商品房面积加起来的 56 亿平方米卖掉。按照广义的去库存概念，则需要 11 年左右才能够把库存卖掉。

再次是降成本。造成中国企业成本高的原因主要有 6 个。第一，制度性交易成本。在全球 189 个经济体中，中国的经营环境居第 84 位，大大低于发达国家。第二，中国的用工成本增长率居世界第 1 名，为 11.8%；俄罗斯是第 2 名，为 11.2%。第三，中国的宏观税负率在世界处于较高水平。世界发达国家的平均水平在 30% ~35%之间，而中国高达 37.2%。第四，中国的融资成本为世界第 2。第五，中国的能源、原材料价格也大大高于发达国家水平。中国的工业电价是美国平均电价的 2 倍。第六，物流成本过高。物流成本占 GDP 的比重，国际平均水平是 12%，而中国高达 18%，比世界水平高 6 个百分点。再加上土地成本、换汇成本等，使得中国的企业经营起来负担太重。

最后是补短板。中国的短板就是自主创新能力低下。一个企业或者国家，应该尽量发挥自己的长板优势，用长板来补短板。以以色列为例，它用高新技术、高科技创造了巨大财富，把缺水、缺资源、缺土地的短板问题都解决了。

截至 2016 年底，中国企业数已达到 7328.1 万户，中小企业占全国企业总数的 99.8%，其中，工商注册的 2327.8 万户企业中，99% 以上是私营企业，个体工商户共 5000.3 万户。李克强总理提出来“大众创业、万众创新”，鼓励发展更多的中小企业。中小企业占了半壁江山，在国民经济和社会发展中发挥了重要作用。2015 年，中小企业创造价值占国内生产总值的 65%，商品进出口额占 70%，上缴税收占 55%，提供了 80% 以上的就业岗位、90% 以上的城镇新增就业，发明专利占 68%，技术创新成果数占 78%，新产品开发数占 82% 以上。民营企业已经成为国民经济和社会发展的重要组成部分。国企强国、民企富民。

“中国企业 500 强”的调研表明，自“非公 36 条”2005 年颁布至今，中国民营资本主要集中在 9 个行业，即农副产品加工、纺织印染、服装加工、化纤织造、金属制品、摩托车及零配件制造、汽车商贸及维修、电器商贸、连锁超市。在这些行业中，民营大企业在 500 强中处于绝对优势地位，有些行业的 500 强甚至 100% 是民营企业。

2005 年至今，中国企业 500 强所覆盖的 75 个行业中，有 29 个看不见民营大企业的任何踪影，另有 10 个行业，民营大企业处于绝对少数的地位。中石化、中石油、国家电网分列榜单前 3 位，其余的前 10 强企业都是银行、石油、通信、电力企业。即便是 11～20 强企业，也有一半以上是垄断行业企业。比较喜人的现象是一批互联网科技企业，如阿里巴巴、京东商城、百度、腾讯、浪潮集团进入了中国企业 500 强。

制约民营企业发展的因素主要有，社会化服务体系尚不健全、政策环境不完善、部分政策落实尚不到位、融资困难更加突出、创新能力持续不强、同质化严重和低水平重复、国际贸易保护主义抬头、劳动用工成本加大 、原材料价格普遍上涨、能源资源环境制约突出、土地制约等。

党的十九大再次强调党的十八届五中全会提出的五大发展新理念：创新、协调、绿色、开放、共享。2010 年 10 月 10 日，国务院发布《国务院关于加快培育和发展战略性新兴产业的决定》，节能环保、高端装备制造、生物、新材料、新能源、新能源汽车、新一代信息技术等 7 个产业及 23 个重点方向被纳入战略性新兴产业规划。2015 年 5 月 8 日，《国务院关于印发 < 中国制造 2025 > 的通知》提出 9 项战略任务和重点，包括提高国家制造业创新能力、推进信息化与工业化深度融合、强化工业基础能力、加强质量品牌建设、全面推行绿色制造、大力推动重点领域突破发展、深入推进制造业结构调整、积极发展服务型制造和生产性服务业、提高制造业国际化发展水平。具体目标是：到 2025 年，制造强国综合指数接近德国、日本实现工业化时的制造业发展水平，进入世界制造业强国第二方阵；到 2035 年，综合指数达到世界制造业强国第二方阵前列国家水平，达到世界制造强国阵营中等水平；到 2049 年，综合指数率略高于第二方阵国家的水平，与美国并驾齐驱，进入世界制造强国第一方阵。

2015 年 7 月 1 日发布的《国务院关于积极推进“互联网 +”行动的指导意见》中指出，到 2025 年，“互联网 +”新经济形态初步形成，“互联网 +”成为我国经济社会创新发展的重要驱动力量。互联网、云计算、大数据带来的电子商务颠覆了传统的营销模式。截至 2016 年 6 月底，我国有 7.10 亿网民，其中，手机网民达到 6.56 亿。2016 年，我国电子商务交易额突破 26.1 万亿元，同比增长 19.8%，交易额约占全球电子商务零售市场的 39.2%。云计算为数据资产提供了保管、访问的场所和渠道。海量数据资产——大数据，为国家治理、企业决策乃至个人生活服务提供了新的可能。为强健互联网心脏，2014 年 6 月，工信部经国务院同意正式发布《国家集成电路产业发展推进纲要》，2014 年 9 月，国家级集成电路产业投资基金正式成立，首批资金规模为 100 亿元左右，通过后续多轮的融资扩股，整个基金的规模将会达到 1200 亿元，资金主要来自财政部，以及国开金融、中国烟草、亦庄国投、中国移动、上海国盛、中国电科、紫光通信、华芯投资等企业。

协调发展，要求促进城乡区域协调发展，促进新型工业化、信息化、城镇化、农业现代化同步发展。支持新型城镇化建设，是最终解决我国特色的“三农问题”的根本途径，也是实现我国人均 GDP 进入世界前列的必由之路。关键在于尽快减少农村人口、解决进城农民的就业问题、加快发展中小企业、加快培育现代服务业。

“十二五”期间，我国城镇化率从47.5%提高到51.5%，提高了4个百分点（全世界城镇化率的平均水平为49%）。据测算，中国城市化率每提高1个百分点，会新增2000万人进城就业，城市基础设施投资将新增1400亿元，最终将带来3360亿元的GDP。1949—1978年，我国城镇化率从10.64%提高到了17.92%，仅提高了7.28个百分点，年均增长0.25个百分点。而1950—1980年30年间，世界城市人口的比重由28.4%上升到41.3%，其中发展中国家由16.2%上升到30.5%。改革开放以来，我国城镇化取得了长足进步。截至2016年末，中国城市共计657个，其中特大城市122个（人口超过400万的超大城市13个，超过1000万的超大城市3个）、大城市118个、中等城市151个、小城市264个；建制镇19234个。城镇化率从1978年的17.92%提高到了2016年的57.4%，年均提高0.98个百分点。目前，我国城镇化水平已接近中等收入国家城镇化平均水平，长期存在的城镇化滞后于工业化的状况开始扭转。

2015年，农业人口占全国人口的比重，美国为3.6%，日本为2.9%，韩国为6.4%，而我国是47.4%。我国47.4%的农业人口只产出了7%的GDP，而美国依靠3.6%的农业人口，每年出口7000万吨粮食，是地地道道的农业强国。

当前，中国经济增长减速，地方政府进入偿债高峰期，面临经济建设和债务偿还的双重压力，PPP模式再度成为地方政府的融资工具。

在健康领域，联合国开发计划署研究表明，全球70亿人口的平均预期寿命每增加1岁，需要健康产业投入1.35万亿美元。我国人口占世界人口的20%，平均预期寿命每提升1岁，健康产业必须投入约3000亿美元。预计我国的人均寿命在2030年将从现在的76岁提升到80岁，预示着在未来几年我国健康产业必须投入1.2万亿美元，健康产业增长空间巨大。根据世界卫生组织关于健康的标准，全球处于亚健康状态的人口约占总人口的95%，其中15%的人口处于疾病状态。我国老年人口超过2亿；亚健康人群已经超过7亿，占全国人口总数的60%左右。2013年10月，国务院发布《国务院关于促进健康服务业发展的若干意见》，力争2020年，把健康服务业的总规模从2万亿元提高到8万亿元以上。健康产业包括以疾病为中心的医疗产业、以健身为中心的保健产业、以生命为中心的养生产业以及养老。据统计，健康产业在全球股票市值中占17%，美国、加拿大、日本的健康产业产值占GDP的比重已超过15%，而我国健康产业在GDP中的占比仅有4%～5%，发展潜力巨大。

"一带一路"战略的目标是建构泛亚共同体，具有开放性的范围与规模：环连亚欧、连接非洲和大洋洲，共60多个国家，44亿人口（占世界总人口的63%），经济总量21万亿美元（占世界经济总量的29%）。打造基础网、产业链、安全区、文化圈的共同体。"一带一路"在产业上的意义是中国制造业体系与周边国家的经济整合和体系再造。亚洲国家从主要向发达国家配套，转向向中国集聚，重构世界经济体系。

实施脱贫攻坚工程，实施精准扶贫、精准脱贫，全面实施两孩政策，积极开展应对人口老龄化行动，实施结构性减税，落实支持小微企业税收优惠政策。加快城乡居民收入增长，存款利率提高，个人所得税起征点上调，财政加大对教育、社保、医保的投入，国企让利。基本医疗保障制度实现全覆盖，提高城乡三项基本医疗保险参保率。全国城镇保障性住房覆盖面达到20%左右。目前我国人均居住面积是33平方米，而日本在80平方米以上。2013年世界卫生统计报告中指出，中国人均寿命为76岁，日本、瑞士为83岁，澳大利亚、冰岛、新加坡为82岁，美国为78岁，俄罗斯为66岁，海地为60岁，布隆迪、喀麦隆、中非和莱索托等国为50岁左右。

2003年1月1日实施了《中华人民共和国中小企业促进法》，2005年2月颁布的《国务院关于鼓励、支持和引导个体私营等非公有制经济发展的若干意见》放宽了非公有制经济的市场准入，2010年5月颁布的《国务院关于鼓励和引导民间投资健康发展的若干意见》明确界定了政府投资范围，进一步调整了国有经济布局和结构，允许民间资本兴办金融机构。2009 年 9 月 19 日《国务院关于进一步促进中小企业发展的若干意见》（国发〔2009〕36 号）中指出，要实施结构性减税，落实支持小微企业税收优惠政策，继续实施稳健的货币政策，支持符合产业政策的中小企业发展。自 2014 年 1 月 1 日至 2016 年 12 月 31 日，对年应纳税所得额低于 10 万元（含 10 万元）的小型微利企业，其所得减按 50% 计入应纳税所得额，按 20% 的税率缴纳企业所得税。自 2013 年 8 月 1 日起，对小微企业月销售额不超过 2 万元的增值税小规模纳税人和营业税纳税人，暂免征收增值税和营业税。2015 年 3 月 31 日，财政部、国家税务总局《关于小型微利企业所得税优惠政策的通知》（财税〔2015〕34 号）要求，自 2015 年 1 月 1 日至 2017 年 12 月 31 日，对年应纳税所得额低于 20 万元（含 20 万元）的小型微利企业，其所得减按 50% 计入应纳税所得额，按 20% 的税率缴纳企业所得税。2017 年 4 月 19 日，国务院常务会议决定，自 2017 年 1 月 1 日至 2019 年 12 月 31 日，对年应纳税所得额低于 50 万元（含 50 万元）的小型微利企业，其所得减按 50% 计入应纳税所得额，按 20% 的税率缴纳企业所得税。

2015 年 10 月 21 日，国务院总理李克强主持召开国务院常务会议，确定完善研发费用加计扣除政策，推动企业加大研发力度。会议确定，从 2016 年 1 月 1 日起，放宽享受加计扣除政策的研发活动和费用范围。除规定不宜适用加计扣除的活动和行业外，企业发生的研发支出均可享受加计扣除优惠。在原有基础上，外聘研发人员劳务费、试制产品检验费、专家咨询费及合作或委托研发发生的费用等可按规定纳入加计扣除。允许企业追溯过去 3 年应扣未扣的研发费用予以加计扣除。简化审核，对加计扣除实行事后备案管理，对可加计扣除的研发费用实行归并核算。

2014 年和 2015 年两年，“减税降费”对小微企业的支持均超过 1000 亿元。2016 年，通过全面推开营改增试点，全年降低企业税负 5700 多亿元，并且实现所有行业税负只减不增。2017 年 5 月 17 日，国务院常务会议指出，该政策每年将减轻企业负担约1200亿元。

2011年12月31日，财政部、工信部发布《政府采购促进中小企业发展暂行办法》（财库〔2011〕181号），要求各部门预留本部门年度政府采购项目预算总额的30%以上，专门面向中小企业采购，其中，预留给小型和微型企业的比例不低于60%；在政府采购评审中，对小型和微型企业产品可视不同行业情况给予6%～10%的价格扣除。2015年，全社会固定资产投资56.2万亿元，新开工项目超过46万个。其中政府采购规模超过2.1万亿元，占国家财政支出的12%、GDP的3.1%；加上教育、卫生、铁路、交通、能源方面的财政投入则超过6万亿元，成为全球最大的公共采购市场。我国中小企业每年拥有超过1.8万亿的政府采购项目份额。要通过宣传、培训、辅导，使中小企业了解和掌握政府采购行业的法律法规，招投标的流程、方法和中标技巧，快速提升中标率，获得倍增业绩；培育中小企业的维权意识。

2014年7月25日，银监会正式批准3家民营银行的筹建申请。这3家民营银行分别是：以腾讯、百业源、立业为主发起人，在广东省深圳市设立深圳前海微众银行；以正泰、华峰为主发起人，在浙江省温州市设立温州民商银行；以华北、麦购为主发起人，在天津市设立天津金城银行。2014年9月26日，银监会又正式批准2家民营银行的筹建申请。这2家民营银行分别是：以浙江蚂蚁小微金融服务集团有限公司、上海复星工业技术发展有限公司、万向三农集团有限公司、宁波市金润资产经营有限公司为发起人，在浙江成立浙江网商银行；以上海均瑶（集团）有限公司和上海美特斯邦威服饰股份有限公司为主发起人，在上海成立上海华瑞银行。

中国特色社会主义进入新时代，意味着近代以来久经磨难的中华民族迎来了从站起来、富起来到强起来的伟大飞跃，迎来了实现中华民族伟大复兴的光明前景；意味着科学社会主义在二十一世纪的中国焕发出强大生机活力，在世界上高高举起了中国特色社会主义伟大旗帜；意味着中国特色社会主义道路、理论、制度、文化不断发展，拓展了发展中国家走向现代化的途径，给世界上那些既希望加快发展又希望保持自身独立性的国家和民族提供了全新选择，为解决人类问题贡献了中国智慧和中国方案。

经济篇

中国助力全球经济向好趋势

朱光耀
财政部副部长

在国际金融危机爆发10年之后，全球经济形势在2017年度出现明显的向好态势，这是过去多年没有出现的。国际货币基金组织2016年10月在研究2017年全球经济增长趋势时，对2017年度全球经济作了展望，预测全球经济增长3.4%。而一年来，国际货币基金组织两次上调了其对全球经济增长率的预测，2017年10月第二次调整将全球经济增长率继续上调0.1个百分点，上调至3.6%。现在来看，2017年度全球经济应该能够实现3.6%的增长。

尽管国际货币基金组织一年中只上调了0.2个百分点的经济增长率，但是它反映了全球经济向好的趋势。过去几年都是国际货币基金组织最开始预计每年经济增长比较乐观，但是在年终几次下调全球经济增长率。

近年来，国际货币基金组织第一次上调全球经济的增速，而中国经济的表现为全球经济平稳增长做出了重要贡献。2016年10月，国际货币基金组织预测2017年度中国经济增长率为6.3%，而2017年1月16日，在达沃斯世界经济论坛开幕当日，国际货币基金组织第一次上调了2017年度中国经济增长率，从6.3%上调到6.5%；之后，在4月、7月和10月又分别3次上调经济增长预期，每次上调0.1个百分点，截至11月，国际货币基金组织预测中国经济全年增长6.8%。中国再一次成为全球经济增长最快的经济体（印度预期增长率为6.7%）。中国经济6.8%的增长率是在中国深化供给侧结构性改革、提高经济增长质量和效益的重要前提下取得的。按照国际货币基金组织测算，2017年度中国经济增长对全球经济增长的贡献率将达到34.6%，亚洲地区对全球的经济增长贡献率为54%。

亚洲地区的经济增长对全球经济增长的贡献率超过50%，中国一个国家对全球经济增长的贡献率就超过34%，很好地反映了中国经济同全球经济紧密交融、相互促进的关系。中国经济增长有利于推动全球经济增长，同时全球经济形势改善也为中国经济增长提供了有力的支撑。推进经济全球化进程、建设人类命运共同体的意义，在经济方面更加深刻地体现出来。

具体来看，2017年度有3个明显的特征反映了全球经济增长的态势。第一个特征是全球主要经济体都出现了增长的态势，扭转了过去经济发展不平衡的问题。2008年全球金融危机爆发以来，全球一些经济体发展比较好，但另外一些经济体陷入困境甚至是危机之中；一些国家发展得较快，一些国家能够迅速地复苏，但另外一些国家的经济却是负增长。直到2017年度出现了全球主要经济体同步增长的态势。重要新兴市场国家，如俄罗斯、巴西都摆脱了2016年经济负增长的态势，实现了经济的正增长；全球70%以上的经济体出现了正增长。所以这种共同的增长态势，确实是2017年度全球经济向好态势的一个明显特征。

第二个特征是全球贸易在恢复。尽管全球贸易面临着众多的挑战，但2017年，全球贸易5年来第一次出现较好的发展态势。过去5年全球贸易增长率低于全球经济增长率，全球经济本身已经处于一个较困难的局面，而全球贸易增速还要低于本来已经很低迷的全球经济增速。而在2017年度，这种状况得到了改善。WTO预测2017年度全球贸易将增长3.6%，与全球经济增长3.6%的预测持平。2017年度的全球贸易出现了过去5年来的第一次拐点，就是同步全球经济增长；当然，还没有恢复到过去全球经济发展比较好的时期，全球贸易增速较大幅度高于全球经济增速的状况。值得高兴的是，至少改变了过去5年全球贸易增速低于全球经济增速的低落状况。

第三个特征是大宗原材料商品，特别是石油，价格企稳回升。目前，石油价格基本稳定在每桶 60 美元的水平上，这种状况意味着，从前几年石油价格腰斩以后，非常疲弱的市场状态有了明显改善，也是近年来比较少见的一种状态。我们还要关注未来原材料价格，特别是石油价格如何发展，但是无论如何，60 美元一桶的价格水平确实是近年来一种新的发展态势。

在全球经济出现明显向好的态势下，在投资者信心恢复、金融投资信心增强的同时，我们还注意到全球经济中一些不稳定、不确定的因素，比如一些原材料生产国，特别是一些比较小的发达国家，仍然面临着一些困难。所以我们要坚定不移地贯彻习近平主席在主持 G20 杭州峰会时，确定的全球经济发展要实现强劲、可持续、平衡、包容性发展的战略。让所有的国家及公民在发展中受益，将这样理念和精神贯彻到全球经济发展的过程中，对世界的和平发展事业是至关重要的。

与此同时，一些重要的政策点需要密切关注。

第一，美国总统特朗普正在推进美国的税制改革。特朗普总统的税改法案就叫“减减减”，因为他觉得减税可以促进经济的增长，更可以提高竞争力。美国众议院已经通过了该法案，但美国参议院要对税改法案进行讨论；在现有基础上，通过内部博弈，白宫也会对参议院的法案在共和党内进行调整。参议院通过该法案的可能性还是比较大，因为美国参众两院在不久前通过 2018 年预算法案的时候就留下伏笔，参众两院都统一以简单多数的规则，也就是 50% 以上的赞成票就可以通过法案，而不需要 60% 的多数票。虽然博弈会继续，但是因为已经通过简单多数的规则，以及美国共和党内部也会作一些矫正，税改法案的通过应该是迟早的事情。无论现在方案推进的进度如何，这个方案将对美国和全球经济产生巨大影响，其中包括税收、财政赤字、企业竞争力、税收政策的国别比较等。所以，G20 杭州峰会提出要加强 G20 国家关于国际税收政策的协调，政策协同非常重要。

第二，美国货币政策的走向。美国作为全球最大的经济体，在2008年金融危机的影响下，开始实施量化宽松的货币政策。2015年底，美联储第一次提高利率，实际上开始了利率正常化的进程，2016年底第二次提高利率，虽然间隔的时间比较长，但利率正常化的进程在继续，到2017年，美国经济的发展态势继续向上，美联储两次提高了联邦利率。现在市场预期，12月美联储将第三次提高联邦利率，那么从2015年底到2017年底可能就会共有5次提高，而且市场普遍预计2018年度美联储将再提高联邦利率3到4次。需要注意的是，前期提高利率的间隔时间比较长，速度相对慢，而2017年度3次提高，2018年度又将有3到4次提高，那么对美国经济周期、全球资本市场、全球资本流动的影响，确实值得认真研究与关注。

另外，2017年10月，美联储还启动了美国资产负债表的“缩表”计划。因为2008年全球金融危机以后美联储实行量化宽松的货币政策，美联储资产负债表从2008年的1.5万亿美元，膨胀到当前的4.5万亿美元，膨胀了3万亿美元。美联储此前大量购买美国政府债券、有抵押企业债券，现在开始削减资产负债表，步骤路线图是清晰的。从10月份开始，第一次削减100亿美元的债券，其中削减60%的政府债券、40%的有抵押企业债券，然后每3个月增加削减的债券持有量的1倍，到2018年10月，每月缩减的规模提高到800亿美元。美联储双管齐下实行紧缩货币政策，一方面提高利率，一方面缩减资产负债表。在这种情况下，美联储政策的外溢性效应值得资本市场高度关注。前不久，在世界银行和国际货币基金组织2017年会上，由各国财长和央行行长组成的国际货币和金融委员会（IMFC），专门发布了一份公报，其中强调要通过市场规律反映汇率的走势，来解决不平衡问题。公报中主要强调三点，一是经济的基本面，二是稳定和强劲的宏观政策，三是有韧性的国际金融机构有助于国际货币体系的稳定。这说明了已经形成了国际共识。

在形势向好的情况下，坚持自由贸易体系非常重要。在有针对性地反对贸易保护主义方面需要全球共同努力，但众所周知，面临很大的挑战。做好政策协调、推进全球经济可持续平衡增长，任务非常艰巨。国际货币基金组织预测2018年全球经济保持向好的态势，预测2018年度全球经济增长3.7%，比2017年度的预测又提高了0.1个百分点。这个目标要靠各个国家共同努力来实现。

中国在十九大精神的指引下，坚持结构性改革，特别是供给侧结构性改革，在坚持提高经济质量和效益的前提下，保持经济平稳较快发展，这将造福于中国人民，也将为整个世界作出巨大贡献。

全球化变局和中国应对之策

许善达
中国经济50人论坛学术委员会委员
国家税务总局前副局长

2017年11月，美国总统特朗普到中国访问，与中国签订了2500多亿美元的商贸大单，包含十几个项目。其中，核心是两件事，第一件事是美国的石油、天然气会流入中国，第二件事是中国的资本会流入美国。这是两个流向的变化。

什么是全球化变局？全球化进程从1500年前就开始慢慢地推进。中国从改革开放以后20世纪80年代初期开始参与全球化。在融入全球化的过程中，中国承接了很多发达经济体的资金、劳动密集型的企业到中国建厂。韩国、日本、新加坡和中国的台湾、香港地区将生产低端消费品的劳动密集型企业搬到中国。但这些产品生产出来，中国境内的市场不能完全消费，原因是数量快速扩大，而购买力还没那么大。因此，我们的途径就是出口。当时的情况就是，国际资金到中国境内来，中国境内生产产品卖到美国、欧洲及其他国家或地区。这是早期中国参与全球化的方式。与此同时，中国也在动用其他资源，除了廉价劳动力外，中国其实是用消耗环境资源和自然资源为代价来换取快速发展的经济。在中国参与全球化初期，国家外汇储备紧缺，国家用外汇非常不容易。现在中国外汇储备达到几万亿美元，而这几万亿美元就是用低价劳动力、低价资源、低劣环境换来的。这是中国介入全球化的一种方式。这种方式对中国有好处，中国经济发展起来了。不管遇到多少困难、付出多少代价，中国居民的收入水平提高了，中国的生产能力也增强了，中国经济实力也得到了夯实。

但这种方式逐渐进入了新的阶段，因为全球化变局开始出现。全球化变局从美国开始，而美国开始全球化变局最主要的一点是美国页岩气技术的突破，而中国对该技术突破没有给予足够的关注。

在一次中美经济学家对话中，当时石油价格在一桶100美元以上，而且还在上涨，但当时美国专家问中国专家："你们对于大宗商品降价有什么应对的准备?"非常遗憾，没有一位中方专家对这个问题做出反应。没有一个中国专家或者研究机构在石油价格一桶100美元以上、还在上涨的时候预测到石油价格会下降、大宗商品价格会下降。等到石油价格真的从147美元一桶降到50美元一桶时，才意识到原来是美国的页岩气技术导致的。

美国页岩气存储量极大，技术突破使得页岩气生产成本非常低。天然气价格跟石油价格有一个比价关系，如果天然气价格降低了，石油价格也一定会降下来。所以全世界大宗商品价格的代表就是石油价格。石油价格从147美元一桶的最高点降到了40～50美元一桶，只剩下个零头。没有看到趋势就要付出极大的代价，比如中国在境外的能源投资就会出现亏损。由于美国的页岩气技术突破以后，能源价格下跌，全球能源领域投资规模减少的数额是以万亿美元来计算的。石油、天然气领域投资规模的减少，造成对勘探、钻井等机器设备需求的减少，再顺着产业链往上延伸，会导致对钢铁、铁矿石等产品的需求减少，结果对全球经济造成影响。

现在出现了两个变化。一是美国页岩气技术突破以后，全球能源的结构发生了重大演变。美国从第一大能源进口国变成了能源出口国。以前加拿大把天然气卖给美国，现在美国不要了；加拿大现在总理之所以能够竞选成功，就是号称跟中国关系好，可以把美国不要的天然气卖给中国。另外，以前俄罗斯每年把天然气经过乌克兰卖给欧洲。而现在，美国不再购买中东的天然气，中东就将天然气卖到欧洲去，欧洲就减少了对俄罗斯天然气的依赖。而中国跟俄罗斯的能源项目签订了很多年，前几年连建管道都步履维艰，但是最近俄罗斯不但加快了跟中国能源项目的建设，而且还同意中国到俄罗斯投资开发能源项目。这又是一种变化。

全世界的政治、经济、军事、外交都因为美国的页岩气技术突破而发生变化。资金的变化就带来商品和服务的变化，这是全球化变局启动的因素。在全球化变局启动后，中国经济也在发生变化。劳动密集型企业现在开始外迁，迁到印尼、泰国、印度尼西亚以及非洲等国家。统计数据显示中国劳动力数量正在萎缩，出口量也在逐步减少。同时，中国还主动对高能耗、高污染的企业去产能，比如针对小煤矿、小造纸厂、水泥厂、玻璃厂等过剩产能、高能耗产业采取关停、兼并的措施 ，对环境改善起到很大帮助。

传统制造业发达的东莞、佛山等地区，现在也发生了一些变化，很多高科技企业到东莞、佛山投资。这是中国积极主动实现经济转型、增加经济技术含量、在进出口贸易和投资方面实现提质增效带来的变化。

现在，由美国主导的全球化变局进一步扩大了速度和力度，特朗普总统上台使美国的影响变得比原来还要大。特朗普就任总统的时间不到一年，在贸易和投资领域采取的办法就是“胡萝卜加大棒”。如果想把商品卖给美国，美国就会以各种法律条文、种种理由，进行加税；而要到美国投资、增加美国人就业，美国就会给你胡萝卜吃。例如，中国著名企业家曹德旺先生在美国建汽车玻璃企业，花了 1200 万美元在当地买了一块地，并雇用了 1500 多名美国职工。这 1500 多名职工原来是失业工人，现在都就业了，于是政府给补贴了 1700 万美金。相当于卖地一分钱不要，还多给钱，因为增加了 1500 个就业岗位。现在比亚迪也准备到美国投资生产电动汽车。不光是民营企业，还有央企，比如中国建材、中车集团也要到美国投资。大家只看到中车集团向美国出口地铁车辆，实际上签约的内容中还有一项是中车要在美国建两个生产企业。原有企业市场不在美国的企业，也打算到美国进行投资，玖龙纸业就表示已经计划到美国去建纸厂。不光中国企业，像韩国企业、日本企业、欧洲企业，本来都是在境外生产向美国出口，现在都在准备把企业搬到美国去。

另外，特朗普还有一个政策，凡是在境外投资的美国企业，如果把企业搬回美国，将少收税。美国现在的企业所得税率为35%，而对将境外投资搬回美国的企业只收8%~10%的企业所得税。已有一批在境外投资的美国企业准备搬回美国。因此，美国现在的失业率已经降到了十几年来的最低水平；GDP增长率为3.2%，原来只有1.7%，目标是GDP增长率要达到之前的2倍，现在离2倍只有很小的差距。美国经济在增长，美国股市也在大涨。特朗普主导的政策导致资金流向美国，而商品流向美国的规模和速度都在下降。在美国生产，在美国销售，这个趋势已经形成，而且还在继续向前推进。所以，特朗普主导的全球化是一个新的改变。

特朗普的中国之行，中美签了2500多亿美元的大单。仔细分析，美国将能源卖给中国，中国的钱流进了美国，这个趋势还在迅速扩大。美国还有两项已经在计划之中尚未出台的政策，一旦出台，全球化变局将会更加剧烈。

一是美联储“缩表”计划。美联储已经加了几次息，最近还要缩表。所谓“缩表”就是要减少美元在市场上的数量。在2008年金融危机之前，美联储的资产一共才七八千亿美金，美国如果执行“缩表”计划，虽然还没有公布最终目标是多少，但专家们预测应该在万亿数量级以上。大量资金流入美国，对美元的需求会增长，欧元、人民币都要换成美元进行投资。而美联储还要减少市场上的美元，试想一下美元兑其他货币的汇率会发生什么变化。

二是税收政策。美联储独立于政府，不对总统负责，现在总统提出来要大幅减税。2016年4月正式拿出了减税草案，并进入了立法程序。美国税收减税的立法程序比较复杂。首先要众议院的筹款委员会通过，再提交参议院，金融或财政委员会组织参议院投票通过。两院投票通过之后的法案如有差距，两院影响比较大的参议员、众议员进行商议，然后互相让步，把两边的法案统一起来。然后参众两院同时投票通过，再由总统签字生效。特朗普已经做完了几步工作。第一，先争取立法程序批准，只要51%的赞成票就可以通过法案，而不是先前的2/3。因为共和党在两院的控制力不到2/3，如果真要2/3的赞成票，那税改法案基本上就通过不了。第二，众议院在11月16日已经通过了税改法案。如果参议院再能投票通过的话，特朗普在圣诞节之前就可以完成立法。这是对美国税收制度的一次重大改革，而税收的重大改革自里根时期以来只搞过一次。

1987年，里根政府搞过一次大规模减税，那次减税推动了美国20世纪90年代的科技进步，特别是信息产业的进步。现在每家美国信息公司都只做一件事，但都做到顶尖级。比如英特尔做芯片、微软做操作系统。把各个顶尖公司凑成一个整体，其他国家的信息技术产业就只能是望尘莫及，难以望其项背。

20世纪80年代日本制造业把美国的市场冲击得一塌糊涂，苏联还可以跟美国两霸竞争。而在美国的IT技术突破之后，就变成了无人可以跟美国竞争的格局。这次特朗普大规模减税会给美国经济发展带来什么影响？可以肯定的是，资金流向美国的速度和规模都会加大。如果美国把企业所得税率降低到20%，同时推行废除遗产税、个人所得税增加扣除等方案，减税规模将达到上万亿美元，一定会加快资金向美国流动的速度。由于美国不生产低端消费品，如鞋、帽等，资金流向美国只会给其高科技企业注入更多的资源。有大量资金流入作为支撑，美国的科技创新在法案通过后的5到10年之内会出现一个新的跳跃式发展。

这种趋势是我们不能逆转的，现在我们唯一应该考虑的是中国应该如何应对。决策层已经做出了一些前瞻性的决策。2017年7月的全国金融工作会议提出要加强金融监管，这句话虽然没什么新鲜，但是最近力度在不断加大。会议还提出金融要为实体行业服务，要扭转经济“脱实向虚”的趋势。中国经济存在两个不正常因素。一是金融行业利润率很高，实体行业利润率很低。按照市场经济的规律，不同行业间的利润率应该应该有一个平均水平，即使现实生活中不可能达到均衡，但是差距太大是不正常的。二是不同企业的融资成本差距过大。一个经济体里面融资成本有差距是正常的，因为融资成本是风险的价值。中小企业、民营企业的融资成本高是正常的，因为中小企业的风险比大企业大，民营企业的风险比很多国有企业大，这是市场决定的。但是融资成本高到现在这个水平，不同类型企业之间的差距这么大，就是不正常的了。

在税收政策方面，2016 年 5 月全面推开营改增试点，一年减税 7000 亿元。2017 年 8 月，全国政协主席俞正声出席政协的一个座谈会，讨论题目是营改增的效果和完善措施。俞正声主席在总结时讲了七点意见。其中第七条个人认为是最重要的。那就是，全面推进营改增之后，并没有全面完成政治局降低宏观税负的任务，我们还要继续采取措施来完成规定的降低宏观税负的任务。也就是说营改增之后，即使已经减了那么多税，但还是要继续采取措施。

金融政策也好，税收政策也好，决策层的战略方向很明确，现在需要拿出很具体的可行性政策进一步落实这些决策。降低关税政策的工作正在陆陆续续地推进。最近，国务院又提出要划转 10% 的国有股权充实社保基金。经研究测算，资金规模要在 15 万亿 ~ 20 万亿元，才能把社保缴费率从 40% 降到 20% 。这些政策都在陆续出台，只要加大力度、加快速度，把任务给落到实处，相信中国就能更加从容地应对全球化变局，也一定能迎来中国发展的新时期。

在新时代，科技创新会打开新局面，环境会更好，资源效率会更高，环境成本会更低。我们要充分利用好时机，减少为此付出的代价，更多地获取变局中的收益。对中国来说前景一定是非常乐观的。

特朗普执政后的中美关系

金灿荣
中国人民大学国际关系学院副院长

中美关系是国际上最麻烦、最复杂的关系，这个关系对于中国的国际环境来说十分重要。中国要顺利推动“一带一路”、推动全球贸易自由化、构建人类命运共同体，毋庸置疑需要重视中美关系。特朗普总统上台后中美关系到底怎么样？最新进展和未来趋势如何？

11 月 8—10 日，特朗普总统访华。通过会晤双方达成了共识，特朗普本人回到白宫以后也提到了对中国之行非常满意。但因为政治的原因，美国国内有很强的反特朗普势力，他们认为北京之行没有谈人权问题，没有谈南海问题，没有给中国施加压力。而对于务实的特朗普来说，北京之行带走了 2535 亿美元的大单，同时中国也承诺要在未来五年逐步开放金融市场，这是此次访华的收获。

从研究学者的角度来看，特朗普总统能够在执政第一年到中国访问，本身就说明中美关系比较稳定。在他执政以前，很多人对中美关系有点担心，因为在大选期间特朗普批评中国的言论很多。凤凰网做了一个统计，2016 年，特朗普发表批评中国的言论共计 235 次。而且他还曾许诺要对中国增加 45% 的关税。但是现在来看中美关系比预期要好，实现了平稳过渡。

中美关系为什么比预期的要好呢？个人认为有三个原因。第一，中国的经济实力越来越强大，而特朗普本身是一个商人，精于算账。贫弱的国家容易被欺负，但中国不一样，中国已经是全球第二大经济体。第二，中国很有涵养。235 次批评言论，中国不作任何评价与反驳，体现出了大国的气度与风范。第三，中国很会搞关系。特朗普执政前与中国是没有来往的，执政后能很快处理好这些复杂关系，基础就是中国有搞好关系的天赋。

当然，中美关系现在也存在几个问题。特朗普本人特别重视两个问题，第一个是贸易问题，第二个是朝鲜核问题。至于人权和国际治理问题，从目前看他不太重视。他为何如此重视这两个问题？第一个原因是贸易问题是经济发展的问题，特朗普执政理念的核心就是重振美国经济。第二个原因趋于意识形态化，美国历任总统都重视人权、民族自由。第三个原因是他不愿意在国际上承担责任，中国近年来韬光养晦，他现在学中国，把国内问题放在前面，把经济问题放在前面。

第一个问题是贸易问题。2015 年，中国对美贸易顺差 3700 亿美元，2016 年是 3500 多亿美元，占美国贸易逆差总额的一半。考虑到特朗普的执政理念，贸易问题就比较突出。目前在贸易问题上美国有三个要求。第一，尽快实现贸易平衡。第二，加强知识产权保护。美国觉得中国快速仿制的能力比较强，因为中国的产业体系太完善，中国的商品“假冒”但不“伪劣”。第三，美国想进入中国的几个市场。首先是金融市场，中国现在股票和债券市场市值大概仅次于美国，位居世界第二，但这个市场比较封闭，对外资开放程度比较小，美国金融业竞争力比较强，希望中国能够放开金融市场。其次是电子商务市场，中国电商市场发展很快，规模已占全球电商市场的 40%，相当于排在第二名的美国、第三名的英国、第四名的日本、第五名的法国四国总和。

2017 年 8 月 21 日，美国启动了贸易法 301 条款的调查，目的是在贸易上给中国施压。从目前的情况看，个人理解中国是有一种主动合作的态度。与中国出口相关的主要四个领域，中美间的贸易量应该会有所增加。一是农产品，二是芯片（中国是芯片第一大进口国），三是汽车，四是飞机。第五项是美国会长期给中国提供石油和天然气。因为美国页岩气技术实现突破后，使得石油和天然气不仅能够自给，还要对外出口。在特朗普访华时与中国签订的2535亿美元的订单中，差不多有1500亿美元是用于投资美国的能源产业，涉及新奥尔良、新墨西哥及阿拉斯加等地。中国预计投入大量资金修建石油管道和港口，将美国的石油、天然气出口到中国。除了前五项，在特朗普总统与习近平主席的会面中，可能还会增加一项，即以前限制较为严格的美国高科技产品相关领域。

知识产权保护的事宜，中国国内有自己的利益考虑，而且随着中国高科技企业的不断发展壮大，中国也会进一步加强知识产权保护。现在世界上拥有专利数量最多的公司是华为，所以中国也有保护知识产权的需要。同时，习主席提出的五大发展理念中，第一个就是创新。所以知识产权不是大问题。

美国想进入中国的市场，对于中国而言，继续深化开放仍是一个趋势，而适当引进外部竞争，有助于中国市场的健康、平衡发展。

在中美贸易的问题上，中小企业，特别是在美国已经开展业务的企业，需要更加小心。2017年2月，美国起诉了中兴通讯，罚款8.97亿美元。这是特朗普打中美贸易战的一种方式，不是正规战。特朗普不再像以前强调中国是汇率操纵国，也不再对中国所有产品提高关税，现在的方式是专门针对某一家中国企业查问题。由于中国企业经验不足，进入美国市场后很容易被抓到把柄，被抓到把柄以后就要交罚金，所以这是企业进入美国市场需要注意的问题。

第二个问题是朝鲜核问题。朝鲜在1992年开始想发展核武器，国际社会不同意，于是形成了朝核问题。现在这个问题开始尖锐化，原因就是朝鲜的核技术、导弹技术突飞猛进。在过去2年，朝鲜进行了48次导弹试验、2次核实验。从实验数据来看，美国人预计快则2年慢则4年，朝鲜就会拥有能打到美国本土、带核弹头的洲际导弹，这就触犯了美国的红线。美国人其实很自私，朝鲜拥有中短程导弹他们不会管，但现在朝鲜正在逼近美国的红线，所以现在就要解决这个问题，朝核问题到了临界点。朝核问题的走向我的个人观点偏悲观。朝鲜认为核技术已经到最后冲刺阶段，国际社会怎么反对怎么施压都没有任何作用，朝鲜肯定不会放弃。而特朗普当局正在进行最后的决断。特朗普解决朝核问题是“三部曲战略”。第一部曲是极限施压。前总统奥巴马对待朝核问题的做法是战略等待，也就是不管，等出了事交给中国和韩国。现在特朗普是极限施压，有三个具体内涵：一是军事压力，把好装备运过来，包括核潜艇；二是外交压力，现在美国国务卿在劝东南亚国家、中东国家、拉美国家跟朝鲜断交，实际上有5个国家如墨西哥、菲律宾等确实与朝鲜断交了；三是逼中国出手，中国也要考虑自己的国际义务。第二部曲是美国与朝鲜直接对谈。美朝表面上对立得很厉害，但是私下是有交流和接触的。第三部曲是认真进行军事化准备。

在朝核问题上，中美既有共识也有分歧。共识有三个：第一，中美都不同意朝鲜研制核武器，必须弃核，而且是不可逆转的；第二，中美都认为问题到了该解决的时候，时间很紧迫；第三，双方思路是一样的，既要给朝鲜压力也要给朝鲜出路。

从中美关系来看，除了上述贸易与朝核的两大问题外，还有台湾、南海及印度的问题。中美关系中，台湾问题一直没有很大进展。在小布什时代，中美关系较好，“台独”势力得到了有效的遏制。而2016年后，台湾由民进党蔡英文领导，其“台独”意识形态比较坚决，两岸关系就变得比较复杂和糟糕。针对台湾问题，特朗普执政以来做了两个动作。一是卖一批武器给台湾，说是在奥巴马时期就定好的。从中国战略利益来考量，台湾从外部国家购买武器，其弊大于利。还有一个动作是特朗普当局提升了美对台官员接触的等级。以前美对台官员最高的接触等级是副部级，现在提到了正部级。未来，台湾问题还有两点需要关注。一是美国国会要求美国政府帮助台湾进入国际组织，因为中国政府的反对，很多国际组织台湾进不去，这个问题美国国内应该还在博弈当中；二是美国提出海军要停靠台湾，这个预案参议院肯定会通过，而众议院能否通过主要取决于特朗普的行动。

第二个是南海问题。中国认为南海跟美国没有关系，而美国自居全球霸主，派军舰过来巡航。以前由白宫批准，现在开始由国防部批准。美国计划未来定期巡航，周期为每两个月三次。如果巡航成为常态，南海问题就会变得越来越激烈，中美南海摩擦就会增加。

第三个是美国在拉拢印度联合对付中国。印度2014年、2015年、2016年的经济增速比中国高，GDP年增长率达到7%。除经济表现不错外，印度总理穆迪的支持率也很高，地位很稳，政治比较稳定。印度的国防现代化，这几年在美国帮助之下也是大有长进。原来印度的军事现代化是靠苏联，美国帮忙之后，以色列、日本等国家也都愿意支持。所以近两年来，印度心气很高，美日都在拉拢印度。从研究者的角度来看，其目的很简单，就是让印度当出头鸟跟中国竞争，以此达到牵制中国快速发展与崛起的目的。

未来，中美关系还有两个内部问题需要注意。一个是美国内部的分裂。特朗普是一个商人，没有政治人脉，上台后得罪很多人，其中包括新闻媒体、情报部门、华尔街、好莱坞、硅谷高科技集团等。于是，其交给国会的相关政策，国会不予讨论；其提名的主要政府工作人员，国会不批准。特朗普执政11个月，正部级干部有15%没有到位，副部级有35%没有到位，正局级干部有75%没有到位。在美国政府中，局级干部非常关键，没有局级干部的良好运营，美国政府的运营效率就会受到一定影响。除了人员配置上的阻碍外，美国情报部门认为2016年大选期间，普京及其政府干扰了美国大选。FBI在11个州的电子计票系统里面，发现了俄罗斯黑客的痕迹。所以情报部门认为普京干扰了美国大选。所以这是另一个值得我们思考的问题：究竟是谁在代表美国？

另外，中国在不断积极进取，发起成立了亚洲基础设施投资银行，美国感觉受到了很大挑战。因为美国垄断了国际金融，不让其他国家插手国际金融体系，结果中国开始进入国际金融领域，而且一出手就成立了两个银行，亚投行和金砖银行，还有两个基金，金砖国家应急基金和丝路基金。未来中国政府还会参与组建两个国际银行，一是上海合作银行，二是南南合作银行。南南合作银行已成立了50多年，前身是由77

个国家发起的国际集团，现在发展到共有135个成员方，并联合发起成立了南南合作银行。中国现在准备参股去控股。2017年10月，中国注入了第一期资本金5亿美元，预计到2018年将会成为第一大股东。

这四个国际性的银行，加上中国“一带一路”倡议，再结合当前中国军事基地、战略空军等战略的持续推进，在这些综合因素的影响下，中国经济总量越来越大，在全球的话语权越来越大，对全球经济的影响也越来越大。中国要想在全球发展中起到支柱的作用，就将与美国在国际利益上持续博弈，这也是中国未来发展的趋势。希望企业在参与国际化、在美国投资兴业的过程中能够更加清晰地认识到中美关系对自身经营发展的影响。

“一带一路”的“1、2、3、4、5、6”

于洪君
全国政协外事委员会委员
中共中央对外联络部前副部长
中国中小商业企业协会国际咨询委员

共建“一带一路”的倡议是习近平主席2013年访问中亚的哈萨克斯坦和东南亚的印度尼西亚时提出来的。2013年11月，习近平主席就实施“一带一路”倡议的背景、宗旨、原则、目标及所面临的任务作了重要讲话。从那时起，“一带一路”建设就成了一项系统工程，并被纳入到新时代中国特色社会主义的建设中。也是从那时起，中国与周边国家、“一带一路”沿线国家，乃至世界上其他地区的国家一起推进“一带一路”建设。参与“一带一路”建设也成了14亿中国人民的集体行动。

4年来，中国政府在向全世界宣传“一带一路”方面做了大量工作，也出台了一系列政策。一是2014年发布的关于“丝绸之路经济带”和“21世纪海上丝绸之路”建设的战略规划。二是经国务院授权，国家发改委、外交部、商务部正式发布的《推动共建丝绸之路经济带和21世纪海上丝绸之路的愿景与行动》，详细系统地阐明了“一带一路”倡议提出的时代背景，阐明了“一带一路”建设所遵循的共商、共建、共享的原则。

4年来，习近平主席作为“一带一路”倡议的倡导者，利用各种外交场合，反复深入地阐释“一带一路”的宗旨、目标和原则。共建

"一带一路"，就是要建立和加强沿线国家的互联互通，实现经济共荣、贸易互补、民心相通。"一带一路"建设不是封闭的、排他的，而是开放的、包容的；不是要中国一枝独秀、一花独放，而是要成为各国共同进步、共同发展的百花园；不是独奏曲，而是协奏曲、交响乐；也不是要在国际关系领域中另起炉灶、代替现有地区合作机制和国际合作平台，而是要在现有的国际交流、对话、合作机制的基础上，开展更大范围的区域合作，促进沿线各国共同发展，实现相关国家发展战略的对接、发展潜力的互补。

4 年来，国际社会对"一带一路"的认识，从陌生到熟悉，从模糊到清晰，从疑惑到认可。过程比想象的要快，效果比预料的要好。目前，很多国际组织、国际机构将"一带一路"倡议写进了其相关决议和文件中。2016 年 11 月 17 日，第 71 届联合国大会就阿富汗局势通过一项决议。阿富汗问题似乎与"一带一路"建设没有太直接的关系，但决议中指出，欢迎并敦促通过"一带一路"等区域发展倡议，在阿富汗和该区域促进可持续经济增长，并敦促所有相关利益攸关方确保这些发展举措得到充分实施所需的安全环境。这项决议绝非偶然。决议的通过一方面反映出中国在向国际社会推介"一带一路"方面确实是做得很有成效，能把中国的一个倡议写入联合国文件，这是一个不小的外交成就。很多人总觉得中国外交好像作为不大，而能把中国倡导的"一带一路"写到联合国的文件中，是何等辉煌的成就。另一方面也说明国际社会对"一带一路"的支持在实实在在地提升。

"一带一路"倡议提出几年来，在中央政府的指导下，全国上下同心协力，循序渐进地向前推进，已初有成果，令人振奋和鼓舞。"一带一路"建设的两个重点地区，一个是中亚地区，也就是古老的丝绸之路经济带，另外一个是东南亚地区，即东盟十国所在地区，也就是海上丝绸之路经济带。除了遵循"共商、共建、共享"的三原则外，"一带一路"建设还要实现四个超越。第一要超越意识形态的分歧，第二要超越社会制度的差异，第三要超越发展水平的差异，第四要超越时空距离的差异。“一带一路”建设的具体规划是六大经济走廊。第一个是中巴经济走廊，以中国新疆喀什为起点，经红其拉甫口岸进入巴基斯坦，穿越巴基斯坦全境到瓜达尔港，走向印度洋。第二个是中国－中南半岛经济走廊，以广西、云南为起点，联通缅甸、老挝、越南等东南亚国家，然后继续向东南联通泰国、马来西亚、柬埔寨等整个东盟地区。第三个是孟中印缅经济走廊，把中国、印度、缅甸、孟加拉国通过一系列的基础设施和产能合作项目，紧紧连在一起。第四个是中西亚经济走廊，从新疆出发，西出中亚的哈萨克斯坦、吉尔吉斯斯坦、塔吉克斯坦、乌兹别克斯坦、土库曼斯坦。这五个国家的面积总计400多万平方公里，共有6000多万人口，资源非常丰富，战略地位极其重要，连接欧亚非，自古就是东西文化交流沟通的重要枢纽。从中亚再往西，途经伊朗、伊拉克、叙利亚、土耳其等国，抵达阿拉伯半岛、地中海沿岸，规模非常宏大。第五个是中蒙俄经济走廊，中国、蒙古国、俄罗斯通过现有的交通运输设施、在建的一系列油气管道工程，以及空中的交通走廊，在经济上紧紧地联系在一起。第六个是新亚欧大陆桥，从中国东部连云港出发，途经七个省区，由中哈边界的阿拉山口出境进入中亚，与中西亚经济走廊相连，同时中线与俄罗斯铁路接轨，将中俄连为一体。

所以，“一带一路”大致就意味着“一带一路”、两个地区、三个原则、四个超越、实现“五通”、建设六大经济走廊，即为“1、2、3、4、5、6”。走新的经济全球化之路，打造人类命运共同体，这是“一带一路”倡议给我们展示的辉煌前景，是中国人献给世界的新的智慧和方案，是中国引导世界共同发展的综合思路，更是中华民族为人类社会共同发展进步做出的新贡献。

2017年5月，“一带一路”国际合作高峰论坛在北京召开。来自30个国家的领导人、近百个国际组织的负责人或代表云集北京，交换意见，达成共识。论坛形成了5大类，共76大项、270多项具体成果。很多国际组织、国家政府和中国签署了关于“一带一路”合作的备忘录或者其他类似文件。通过这次论坛的召开，“一带一路”真正成为中国携手周边各国实现共同发展的、互利合作、共筑繁荣的新举措，也成为中国联合国际社会，共同抵御保守主义和封闭主义，推动新一轮经济全球化健康平稳发展的新路径。也正是通过这次论坛，使我们对2000多年历史积淀下来的丝路精神，有了新的认识和理解。

什么是丝路精神？习近平主席在讲话中作了高度概括，就是和平合作、开放包容、互学互鉴、互利共赢。站在今天这个新的历史角度，结合习近平主席所阐述的建设和平之路、繁荣之路、开放之路、创新之路、文明之路，“一带一路”不但进一步彰显了“中国需要世界、世界也需要中国”这个当今的国际关系中最基本的特点，也推进了“中国走向世界，世界走向中国”的双向互动的历史进程。“一带一路”建设的推进也使中国人的“四个自信”、民族自豪感，以及与此相联系的爱国情怀、世界情怀，得到了进一步提升。中华民族是世界民族之林的一个重要组成部分，中华文明是人类文明的重要组成部分，所以我们要有世界眼光、世界情怀。

十九大的召开，对决胜全面建成小康社会、实现中华民族伟大复兴，具有承前启后、继往开来的重要意义；对人类社会应对各种共同性的威胁和挑战、探索构建人类命运共同体的新路径，具有巨大而深远的影响。一次前所未有的世界政党高层对话会将在中国召开。会上将会介绍中国共产党十九大的精神，介绍中国和平、发展、合作、共赢的外交理念，介绍中国推进人类命运共同体建设的主张。这与“一带一路”倡议一样，都是前所未有的事情。也正是这一系列事件，使我们现在有理由说，我们比历史上任何时期都更接近实现中华民族伟大复兴的目标。中国已经昂首阔步地走进了世界舞台的中心。如果说世界形势有什么重大变化的话，这就是最主要的变化。各国力量对比的变化、世界格局的变化、前途命运的变化，在中国同世界关系这一方面体现得格外鲜明。

发展报告篇

分析与展望：2017—2018
中国中小微企业生存与发展报告

联合主编：任兴磊　杲传勇　李献平　陶　莹

编　　委：汪官蜀　沈亚桂　陈建煌　牛　涛　田海龙　鲍鑫毳
窦云鹏　夏赶秋　冯继超　赵　鹏　李　军　高健智
薛美华　周世义　王守友　林晓明　高培扩　董勤扬
邹　倩　孙　进

项目参与：许　湘　杨　猛　高　平　刘梦阳　孙士达

中国中小商业企业协会

2017 年 11 月

分析与展望：2017—2018
中国中小微企业生存与发展报告

序 言

小微活，就业旺，经济兴。中小微企业是改革开放四十年的重要参与者、见证者、记录者、受益者，见证了中国经济的崛起和繁荣。截至2017年7月底，我国小微企业名录收录的中小微企业已达7328.1万户，其中，企业2327.8万户，占企业总数的82.5%，个体工商户5000.3万户，占个体工商户总数的80.9%。广大中小微企业是促进就业、改善民生、稳定社会、发展经济、推动创新的基础力量，是市场经济主体中数量最大、最具活力的企业群体。

从当前来看，小微企业是巨大的“就业容纳器”，事关中国经济的活力与繁荣；而从长远来看，通过支持小微企业发展，鼓励大众创业、万众创新，对推动中国经济转型升级具有重要意义。

由此可见，支持中小微企业发展已日趋成为党和政府的“新常态”。

商场是公平的竞技场，中小微企业是竞技场中最具潜力和最活跃的“运动员”。如同在考试中我们不会因为性别差异而设置不同的分数线，在创业中我们也不会为大企业和中小微企业设置不同的成功标准。时间是最公平也最宝贵的“资本”，对于每一个创业者来说，一天都只有24小时。人们认为的大众创业的最好时代的到来，既离不开政府政策的支持，也离不开公平的社会环境。十八届四中全会把“依法治国”作为主题，这也意味着中小微企业将告别“乱世出英雄”的野蛮生长时期，进入“优生优育”的新时代。

中国中小商业企业协会每年发布《分析与展望：中国中小微企业生存发展报告》，希望可以帮助中小微企业和创业者准确把握市场发展现状，为未来投资的前景预判提供参考，为中小微企业走进新时代开好局！

中小微企业家是“梦想家”“实践者”“创新者”与“多面手”，是充满活力、奋发进取的群体，是积极向上、敢于担当的群体；他们可能是毅然回国创业的海归精英，可能是继承父业的民企二代，也可能是白手起家敢闯敢干的草根青年；他们之中不乏人们所说的“实业英雄”“创新奇才”“电商达人”……任何一个创业者，在成就梦想的道路上都会被赋予时代色彩。这些在不同领域里奔跑打拼的创业身影，正在成为推动经济发展和社会进步的新生力量。

对比今天和改革开放初期的创业，外部环境以及自主创业的需求、动力、观念都已经发生了巨大改变。总体来看，20 世纪的创业以“需求型创业”为特征，以改善物质条件为动力，社会对中小企业家持有一定成见。而今天的创业以“机会型创业”为特征，以创造新的社会价值为动力，广大创业者获得了更多的社会认可。

互联网的普及带来了机会的公平性和均等性。中小微企业在获取信息、资金、社会网络等关键资源方面的环境大大改善了。今天，创业者受教育的程度大大提高，结构也在发生变化，有越来越多的女性创业、大学生创业。中小微企业比以往更加具有进取心，也更加关注前途和未来。

中国经济转型升级释放了巨大的空间。伴随着新业态的不断涌现，中小微创业者将进入更多新兴行业和领域。中小企业家在我国经济发展中已经扮演着崭新的角色。

一、国内外经济形势向好

（一）国际经济形势喜和忧

世界经济整体正在复苏，而且新兴经济体和发展中国家是拉动全球经济强劲复苏的主要力量；以美国缩表为重要标志，全球性宽松货币政策正酝酿渐次退出，进入“减债、升息、去杠杆”轨道；全球大宗商品价格暴涨暴跌的时代可能已基本结束，未来石油、天然气、能源等价格可能会在长周期内、在宽区域区间均衡波动；全球新旧动能转换加快；中国因素在世界经济增长中日益重要。全球经济开启新一轮复苏和增长周期；美国经济和外交政策思路日益清晰；欧洲在英国“脱欧”以及法德大选落幕后的不确定性明显下降；美联储加息后，美元大幅升值、资本大规模回流美国的情况并没有出现；“一带一路”倡议得到国际社会广泛响应；多点爆发的地缘政治冲突呈现常态化趋势等。展望2018年，全球经济仍存在很多不确定性、不稳定性，经济隐忧主要体现在：逆全球化思潮继续发展并发挥作用；全球主要国家可能开始退出量化宽松货币政策，资本紧缩会导致相当大的金融风险；一些国家的经济可能会出现较大波动，为世界经济带来较大影响。

（二）国内经济改革从“攻坚”到“深化”

中国将迎来改革开放四十周年的隆重纪念，十九大开启了中国的新时代。提高有效供给，是推进供给侧结构性改革的主要目标，也是解决我国经济结构性矛盾的重要途径。一方面，通过去产能的“减法”，为先进产能腾挪出了发展空间，倒逼低端产能转型升级；另一方面，通过有效供给的“加法”，催生并推动了战略性新兴产业、高新技术产业的发展。供给侧结构性改革还带来了创新的“乘法”和简政放权的“除法”。“双创”“互联网＋”等触发的创新驱动力，正成为新旧动能转换的澎湃动力。同时，随着“放管服”、减税降费等改革举措落地，制度性交易成本将进一步降低，市场活力得到了更多释放。据统计，2017年上半年，我国高技术产业和战略性新兴产业占GDP的比重从2015年的8%左右进入到超过10%的关键时期。5年来，我国专利申请数量实现了年均15%的增长，研发费用占GDP的比重已经超过2%的临界点。

2017年是推进供给侧结构性改革的深化之年。从“攻坚”到“深化”，供给侧结构性改革正不断走向纵深。“供给侧结构性改革的效果是实实在在的，而且超出了预期。供给侧结构性改革为中国经济在转型阶段持续健康发展指明了正确路径，必将对中国经济长远发展产生深远意义。”更为重要的是，随着新发展理念和供给侧结构性改革日益深入人心，将形成一种更强大的力量，引领中国经济走向发展方式转变、经济结构优化、增长动力转换的更高形态。中国在供给侧结构性改革上的生动实践，还将为全球经济治理提供更为务实有效的“中国方案”。相信，十九大之后的5年，中国经济增长速度将企稳回升，增长质量将显著提高。中国经济值得期待的关键改革还有综合财税体制、人民币汇率形成机制、房地产市场长效机制和构建多层次平衡发展的金融体系等。中国的人均GDP将超过1万亿美元，经济总规模将接近全球第一，人民币国际化水平将超过日本和英镑，与美元和欧元形成“三足鼎立”之势，对外贸易与投资呈现双向、平衡和多元化的发展趋势。

二、中小微企业对促进经济增长和维护社会稳定的重要作用得到肯定

梳理十八大以来的历次国务院常务会议，不难发现，“支持小微企业发展”一直是李克强总理突出重视的工作之一。各类小微企业和双创平台几乎是李克强总理历次基层考察的“保留项目”，甚至在外事活动中，如何加强中国与国外小微企业的合作交流也是李克强总理与各国政要探讨的重要议题之一。李克强曾多次强调，从当前来看，小微企业是巨大的“就业容纳器”，事关中国经济的活力与繁荣；而从长远来看，通过支持小微企业发展，鼓励大众创业、万众创新，对推动中国经济转型升级具有重要意义。李克强表示：“大众创业、万众创新催生的大批小微企业，将汇聚成巨大的动能，形成中国经济的新引擎。”

更重要的是，小微企业不仅是创新的“生力军”，也是大企业的重要支撑。李克强在2017年9月27日的国务院常务会议上指出，小微企

业对市场高度敏感，不仅能够通过定制化生产适应人民群众的多样化需求，也为大企业提供了具有价格优势的配套，提高了大企业的实力和竞争力。“我们要加大政策支持力度，促进大企业不断提升竞争力，小企业遍地开花、蓬勃发展，那中国经济就真正‘活’了！”李克强说。

统计数据显示，2013 年以来，国务院出台一系列措施，加大差异化政策支持，引导金融机构持续强化小微企业融资服务。2017 年 6 月末，小微企业贷款余额 22.6 万亿元，是 2012 年末的 1.95 倍，占全部企业贷款的 32%。李克强总理要求的“三个不低于”，即“小微企业贷款增速不低于各项贷款平均增速、贷款户数不低于上年同期户数、申贷获得率不低于上年同期水平”已基本实现。“但必须看到，小微企业融资难、融资贵问题仍然存在，有些小微企业明明有订单、产品有销路，但就是贷不到款。这方面还有很大潜力可挖。”李克强说。国家在狠抓现有政策落实的同时，采取减税、定向降准等手段，激励金融机构进一步加大对小微企业的支持。包括从 2017 年 12 月 1 日到 2019 年 12 月 31 日，将金融机构利息收入免征增值税政策范围由农户扩大到小微企业、个体工商户，享受免税的贷款额度上限从单户授信 10 万元扩大到 100 万元；将小微企业借款合同免征印花税、月销售额不超过 3 万元的小微企业免征增值税两项政策优惠期限延长至 2020 年；推动国有大型银行普惠金融事业部在基层落地，对单户授信 500 万元以下的小微企业贷款、个体工商户和小微企业主经营性贷款及农户生产经营、创业担保等贷款增量或余额达到一定比例的商业银行实施定向降准，并适当给予再贷款支持；支持扩大小微企业金融债券发行规模，募集资金全部用于小微企业信贷投放。

目前，小微企业已经成为我国市场主体中的主力军，成为扩大就业的重要支撑。据国家统计局抽样调查，平均每户小型企业能带动 8 人就业，每户个体工商户能带动 2.8 人就业。在经济下行压力大、去产能任务繁重的背景下，我国就业不减反增，可以说小微企业的快速发展发挥了重要作用。小微企业在促进国民经济平稳较快增长、缓解就业压力、实现科教兴国、优化经济结构等诸多方面，均发挥着越来越重要的作用。广大中小微企业是促进就业、改善民生、稳定社会、发展经济、推动创新的基础力量，是市场经济主体中数量最大、最具活力的企业群体。中小微企业的生存发展状况，关系到中国经济社会结构调整与发展方式转变，关系到促进就业与社会稳定，关系到科技创新与转型升级。

三、中小微企业融资形势不断改善

应当看到，近年来，关注小微、鼓励小微、支持小微的政策暖风频吹。小微企业也的确从中受益。但不可否认的是，融资难、融资贵问题仍未得到根本性解决，限于整体经济增速放缓的趋势，部分金融机构出于风险考量和经验不足的原因，对小微企业的金融支持难以满足其实际需要。金融是实体经济的血脉，为实体经济服务是金融的天职，是金融的宗旨，也是防范金融风险的根本举措。本固才能枝荣，根深才能叶茂。金融业属于服务业，通过服务实体经济来获得自身的发展，才是强基固本之道。把发展直接融资放在重要位置，改善间接融资结构，降低融资成本，建设普惠金融体系，加强对小微企业、“三农”、精准扶贫、绿色发展等的金融服务，才能让金融之“水”更好地浇灌实体经济之“木”。2017 年 9 月 1 日，新修订的《中小企业促进法》正式颁布。“融资促进”是此次法律修订的一大亮点，不仅增设了专章，而且制定了 11 条具体条款，使其成为条款数量最多的一章。其中明确要求金融机构应当发挥服务实体经济功能，高效公平地服务中小企业，并从货币政策工具运用和差异化监管、推进普惠金融体系和专业化经营机构建设、创新金融服务和担保方式、发展多层次资本市场、建立中小企业政策性信用担保体系、完善中小企业信用体系等方面做出一系列具体规定，加强对中小企业特别是小微企业的融资支持。这既是对中小企业诉求和呼声的积极回应，也是对近年来党中央、国务院采取的一系列缓解融资难、融资贵问题的有效措施的凝练和升华。新时代下，小微企业呈现出新零售、新制造、新技术、新能源及新金融等特点。移动互联网、大数据、云计算、生物识别、人工智能、区块链等新技术推动小微企业金融服务创新。比如，移动支付让偏远地区的小微商家也能享受便利服务，也让小微生态伙伴获益。要改变小微企业融资难的现状还需多管齐下。小微企业融资一直是世界性难题。以一些手段搪塞指标容易，但对小微企业实际支持的力度和成效，终将接受市场的考验。唯有通过观念更新、体制机制改革以及借助技术手段进行适应性的金融创新，打通金融活水流向小微企业的“最后一公里”，实现和小微企业、实体经济互惠共赢，才是长久发展之道。

【案例】 齐商银行是山东省一家成立于1997年的地方法人金融机构。作为一家资产过千亿元的“中小企业主办行”和“市民银行”，齐商银行始终将小微金融发展作为立身之本，小微金融工作得到国务院副总理马凯、时任山东省省长郭树清等领导批示，先后荣获“全国小微企业金融服务先进单位”“全国金融青年五四奖章集体”等荣誉，“互联网+小微信贷技术”被评为“全国企业管理现代化创新成果二等奖”。截至2017年9月末，该行小微贷款余额357.44亿元，占全部贷款余额的66.61%，小微户数9387户，较去年同期增加639户，小微申贷获得率高达99.86%。

随着供应链思想逐渐被接受以及供应链研究的日趋完善，供应链的工具和实践也得到了很大提升，供应链中的物流、商流、信息流的效率得到了巨大提升。在传统供应链金融业务基础上，齐商银行融合产业链金融技术、科技金融，紧跟经济形势发展，积极响应政府发展“互联网+”的政策号召，借助互联网工具，结合大数据、云计算等先进技术，着手推进供应链金融业务线下、线上的双发展。在线下业务正常运作的基础上布局互联网金融领域，整合核心企业资金流、物流、信息流和业务流，在2015年10月上线了针对核心企业与其上下游小微企业的

“齐商银行在线供应链平台”，并于2016年10月完成了平台二期上线，对一期功能进行了优化、提升与完善，同时实现了与电票系统的全面对接，为实现微贷业务的纯线上化操作奠定了基础，开辟了批量化、网络化、高效化服务小微企业的新渠道。借助平台，齐商银行依托核心企业为其供应链上中小微企业量身提供资金支持，结合“应收账款质押”“保兑仓”“厂商银”“网络循环贷”等多款产品，已经形成了与行业龙头企业合作、与电商平台合作、开展动产质押供应链等多种成熟的在线供应链金融服务模式，提高了服务质量与效率，通过批量化业务降低了小微金融成本。截至2017年9月底，齐商银行已经与近40家行业核心企业、专业担保公司等达成了合作意向，利用供应链金融业务累计为近1900家企业提供了超过16亿元的信贷资金支持。

齐商银行通过“供应链金融+产业链金融+科技金融”的模式，减少了小微企业授信难度，解决了小微企业融资无抵押问题，降低了小微企业融资风险、融资成本，提高了小微企业融资效率和绩效，提升了农村金融服务水平，进一步丰富了商业银行的小微企业金融服务。

四、“双创”推动中小微企业与大企业融通发展

当前，全球范围内新一轮科技革命和产业变革正在孕育和兴起，以互联网为核心的信息通信技术与其他产业、其他领域的全方位深层次融合，正在为人类生产和生活方式带来革命性的影响，数字化、网络化、智能化成为制造业发展的新趋势，数字经济、共享经济、协作经济正在重塑传统实体经济形态。与此同时，我国大中小微企业正在走上一条融通发展之路，中小微企业为大企业注入活力，大企业带动中小微企业发展。“双创”在各行各业尤其是制造业领域铺开，适应了时代创新的需要，也促进了大中小微企业融通发展。大中小微企业融通发展是我国的优势所在，在促进经济和产业转型升级方面必须牢牢抓住这一优势。积极支持大中小微企业融通发展、服务业与制造业有机结合，鼓励制造、

电信、软件等企业跨界合作，发展网络化协同研发制造、大规模个性化定制、服务型制造等新模式。行业主管部门要加快营造大中小微企业融通发展环境，建立大中小微企业融通发展的激励机制，推动国企经营业绩考核办法完善，以创新发展指标替代利润收入指标，激发国有企业探索融通、创新发展新路子。在大中小微企业融通发展过程中，共享经济等新经济形态不断涌现，但同时也遇到了新问题和新困难。而利用新技术和新模式不但能解决新问题，而且能够创造商业机会和发展机遇。推动产业链各环节的集成创新，以制造业大型骨干企业为依托，带动中小微企业在技术、产品、业态等模式上的创新，从而推动中小微企业加快转型升级，增强企业竞争实力，实现大中小企业融通发展，为实体经济发展质量的整体提升提供支撑。大企业有资金、技术等优势，而中小微企业的服务意识、创新意识、活力意识更强，它们之间的融合发展，有利于实现融通互补。正如李克强总理所讲的那样，“中国大中小企业正在走一条融通发展之路，中小企业为大企业注入活力，大企业带动中小企业发展。”

“双创”不仅是小企业生存之路，也是大企业繁荣之道。国有企业特别是央企，正努力通过“双创”探索大中小微企业混合所有制发展的新模式。截至目前，央企已搭建各类“双创”平台 409 个，用户注册数近 204 万，极大地带动了创业就业。

（一）多维度的“双创”探索

在过去的两年多时间里，很多国企在“双创”领域进行了多元化的积极探索。

一是通过合作或自建等方式参与众创载体的建设。依托自身的规模和资源优势，参与众创空间的建设已成为不少国有企业的选择。如 2015 年，中信国安集结自有资金及优势资源，出资 15 亿元打造最具规模的国际化创客产业运营平台；中国科学院深圳先进技术研究院组建的中科创客学院，成为我国第一个由国立科研机构成立的创客学院。国家信息中心发布的数据显示，截至2016年12月底，中央企业已搭建各类双创平台409个，比2015年增长了66%，制定印发各类“双创”制度145个，设立或参与创业投资基金67支。

二是聚焦自身主业，构建产业生态圈。例如，大唐电信科技股份有限公司围绕集成电路主业，为以车辆为核心的车联网、以机器为核心的智能制造、万物互联的物联网打造集集成电路芯片、集成电路应用和解决方案为一体的生态圈；成立大唐创新港泛IC产业孵化平台，为创业企业提供泛IC产业设计、测试开发、专家技术辅导、技术人才培训等创业指导服务。

三是体内孵化及体外孵化，帮助企业创新转型。相比于收购，企业亲手“孵化”出的新业务、新项目与自身匹配度更高，因此企业也尤其青睐孵化与其自身产业转型和技术升级相关的创业项目。中国钢研集团公司设立500万元“青年创新基金”，重点支持35岁以下青年科技人员的科技创新活动，孵化新技术；继续投入不少于5000万元的科技创新投资基金，建立常态化机制，支持创新成果转化；利用大慧投资公司股权基金等，支持具备产业化和工程化的产业苗子。中国电信集团旗下天翼创投历经4年的发展，其基于内部员工的创业孵化项目已累计征集了1700个，其中175个项目成功入孵，18个项目实现公司化运作，对外投资总额近5000万元。

（二）搭平台+资源输出：探索大中小企业融合发展路径

中信重工机械股份有限公司董事长任沁新表示，“双创”绝不仅仅是中小微企业的事，更是国有大企业转型升级所必需的。国有企业对“双创”热情较高，其好处也显而易见。一方面，可以化解过剩产能。企业通过“共享”的方式，建立开放平台，把自己内部各类实验室、实验设备等资源，有条件地向社会开放和共享，为小企业进入制造业降低门槛，并把他们的能力对接到大型企业当中。另外，大企业可以利用其各地的闲置厂房，参股各类民营孵化器，在盘活闲置资产的同时为旗下的各类创业投资基金提供丰富的创业项目资源。另一方面，可以在实践中探索企业转岗分流的路径。这就需要企业建立相适应的激励机制，解决职工创业就业的难题。

【案例】 航天科工建立灵活的工作制度，实行“核心+弹性”工作时间制、工作地点弹性制，支持员工在岗创业，创业时间为2年，特殊情况下不得超过3年；建立回岗保障制度，为企业员工自主创业、企业内部再创业扫清制度障碍。

（三）“双创”不等于大学生创业，国企的加入意义重大

“双创”大幕开启以来，因“大众创业”“大学生创业”的标签，其遭受的质疑从未间断。但这仅仅是“双创”的一个方面而已，且越来越不成为主流。无论在资金、技术，还是经验上，年轻人及大学生都有所欠缺，创业成功率不高、项目夭折的现象较为突出，大学生只是“双创”队伍中的生力军。相对于大学生创业，中小企业是实施“双创”的重要载体，在增加就业、促进增长、推动科技创新与维护社会和谐稳定等方面具有不可替代的作用。但不得不关注的现实是——“生存关”一直是众多中小企业的难关。

有数据显示，能存活5年以上的小微企业不到7%，能撑过10年以上的企业不到2%。特别在移动互联网时代，创业成本、门槛更低，但竞争也更激烈，成功率很低。因此，相较于小微创业者的单打独斗，国企以产业链、生态链的形式去进行“双创”，不仅确保了成功率，而且还能帮助企业自身完善生态链条。国有企业作为中国经济的主要力量，也理应在“双创”大业中发挥更重大的作用。

“‘时间紧缩’和‘空间崩溃’现象加剧，促使社会变化的速度、强度、深度和广度增加。这就导致现在的市场往往是断崖式或者突进式发展，而在以前是渐进式的。过去，小微企业是配角，围绕大企业的生产配套和技术开发，是边缘市场的补充者、拾遗者；而现在小微企业成为社会中最具活力的创造性力量，大型企业蜕化为服务于小微企业的组织架构平台。”

【案例】 北京经济技术开发区作为创新型产业集群和“中国制造2025”创新引领示范区的代表，承担着做好科技成果转化落地、打造高精尖经济结构、打造经济发展新高地的重任。近年来，为了培育具有成长性、创新性的科技型中小企业，北京经济技术开发区致力于创新生态服务体系建设，例如“联盟 + 创新研究院 + 创新平台 + 基地 + 基金 + 专利池”六位一体的创新服务体系。北京经济技术开发区现已建成7家创新研究院、26家联盟、16个基地、40个创新平台、12支基金和3个专利池，累计引进、培育高新技术企业680家，其中不乏创新型中小企业的代表。为服务大众创业、万众创新，北京经济技术开发区推出了创业生态服务品牌——“E7创享家”，不仅为中小企业构建了多层次的成长空间，同时提供全天候的创业生态服务，积极扶持中小企业的发展，目前已入驻的中小企业近百家。

五、消费升级和“互联网 +”为中小微企业带来新的机遇

当前，消费升级呈现出诸多特点。首先，消费从生存型向享受型和发展型升级。2016年，城镇居民在居住、交通、教育文化、医疗保障等方面的支出比重上升到了53.7%。其次，消费由物质消费为主向服务型消费快速升级。在这一轮的消费结构升级中，服务型消费占比越来越大，中产阶层消费的增加、人口结构的变化，使得服务型消费呈现出持续高增长的态势，特别是一些高净值人群对金融、理财、保险服务的消费增长明显。再次，消费从传统消费向新兴消费升级。信息消费、绿色消费、休闲和健康消费、教育培训和文体消费大幅增长。最后，消费从量的满足升级到重视质的提升，由一两个热点向多点多面增长转变。

在消费升级过程中，消费方式也出现变化。随着消费结构和消费人

群的变化，个性化、特色化、差异化的消费方式出现。定制式的选择性消费方式增长很快。线上线下结合的消费方式、多种业态融合交叉跨界的消费、通过移动互联社交媒体跨越时空的全天候消费方式在消费中所占比重越来越大。

消费升级给小微企业带来的机遇无处不在。与系统庞大、稳定的大企业相比，新锐、灵动的小微企业更擅长创新、变革，特别是针对某个细枝末节进行“微创新”。消费升级要求“专业人做专业事”，小微企业将自己的“一亩三分地”种好，在细分市场找到自己的特色产品和独特优势，就能粘住那些趣味特别的顾客，因而获得生存空间。世界上的所有消费行为都是感性的，互联网带来的最大好处只是使得消费升级的感知、感受的传递过程比以前效率更高。

六、经济“脱虚向实”，中小微企业“隐形冠军”正在形成

很长时间以来，中国一度被国外媒体认为是“全球工厂”。近年来，越来越多的中国企业凭借多领域全方位的创新，开始挑战全球的行业领先者，并在某些行业引领全新趋势。在这个过程中，一些大型企业跻身业界“冠军”，不少中小企业也悄然成为“隐形冠军”。

毫无疑问，做大做强实体经济是摆脱经济运行中“脱实向虚”困境的关键。从国外经验来看，德国之所以能在欧债危机时一枝独秀，正是得益于坚持以制造业立国，重视发展被称为“隐形冠军”的中小微企业。众多实力突出的“隐形冠军”构成了德国实体经济健康发展的主力，成为德国经济实现“虚实平衡”的有力保障。中小微企业“隐形冠军”的加快形成，既是引导我国经济“脱虚向实”的重要突破口，也是实现制造强国目标的有效路径。诸多事实证明，“隐形冠军”不仅能引领实体经济创新，提高实业国际竞争力，还能通过推动大中小企业融通发展，激发实体经济活力。比如说，“隐形冠军”作为创新的重要主体，可以缓解大企业由于长期技术积累形成的技术锁定效应，推动技

术研发向专业化、精细化方向发展，降低研发成本，提高创新效率。同时，“隐形冠军”深度专注于某一价值链并提升附加值，通过大力培育可以有效衔接、整合产业链上下游环节，互补技术，促使各个市场主体优势互补，并形成合理的分工体系和产业生态系统，建立起紧密协作的创新方式。此外，“隐形冠军”积极进入大企业的配套体系，有利于形成以龙头企业为核心、产业链进一步延伸的集群方阵，增强抗风险能力，保持经济的长期竞争力。

值得一提的是，“隐形冠军”的高利润创造能力，使得实体经济具有更大吸引力。“隐形冠军”在盈利能力方面的表现非常优异，远高于行业平均水平。高利润率使企业更愿意潜心于制造业领域的研发创新。与之形成对比的是，近年来我国不少企业由于利润微薄，纷纷放弃经营制造业实体，转向金融投资、房地产等领域，导致实体经济“空心化”。而培育高利润创造能力的“隐形冠军”可以有效提高实体经济吸引力，使实体经济不再被边缘化。

七、当前中小微企业发展主要特点

（一）产业结构两极分化

小微企业一方面敢于创新，在各类新兴行业和新型业态中不断涌现，另一方面又大多集中于以资源开发型、产品初加工型、服务低层次型为主的传统行业，呈现出“锄头与卫星齐飞、高端与低端并存”的现象。

（二）区域分布不均衡但差距在缩小

小微企业区域分布不均衡。东部 11 省市的小微企业占全国小微企业总数的 60%，中部 8 省和西部 12 省区市占比分别只有 20% 左右。从产业集群化水平看，也存在着地区分布不均的情况。在市场经济发达、市场机制健全的东部沿海地区，小微企业更加容易出现产业集群，而在经济欠发达的西部地区，小微企业比较分散，孤军奋战、单兵作战的情况较多。然而，从近两年发展情况看，东部地区小微企业数量增速有所回落；西部地区小微企业数量增长相对较快，贡献了增量的3/4以上。同时，中西部一些地区的小微企业也出现了产业集群化趋势，区域差距呈缩小趋势。

（三）敏感脆弱但生命力顽强

小微企业规模小而市场化程度高，易受外部环境变化影响，但也表现出较强的生命力和进取精神。近年来，受我国经济增速放缓等因素影响，小微企业发展缓慢，仅有12%的小微企业表示营业额保持了快速或高速增长，近50%的小微企业反映市场需求不足、产品销售困难，近60%的小微企业反映市场竞争压力加大。

尽管面临种种困难，小微企业主普遍对未来发展前景抱有积极乐观的态度，并在创业过程中表现出锲而不舍的奋斗精神和顽强的生命力。

八、中小微企业亟待改善和突破的十大困境

中国正在跨入新时代，中国经济正在由高速增长的“黄金时代”转向中高速增长的新常态，中国市场进入了微利时代，中小微企业进入了发展的瓶颈期、困难期，不是要探讨如何做大做强，而是要想办法活下去。中小微企业面临以下十大困境，需要破局。

（一）企业家精神需要重塑

中央首次为企业家精神创建提出了指导意见。《中共中央国务院关于营造企业家健康成长环境弘扬优秀企业家精神更好发挥企业家作用的意见》是继2017年两会上政府工作报告首次提出企业家精神后，正式以28条意见的形式全力推广企业家精神。企业家精神是创新精神，本质是冒险精神。当前的中小微企业中，多数创业十几年乃至更长时间的、曾经敢干敢拼的创始人，已经步入了人生的中老年阶段，闯荡江湖的勇气、斗志和毅力大不如从前。今天中国正处在经济转型期，进入到后工业时代，几乎所有的传统产业都产能过剩，亟须调整。同时，在国

际上，美国强力回归实业，欧洲在加快实施“再工业化”，这与过去30年是完全不同的环境，中国遇到的问题和压力在增多。过去很长一段时间里，我们可以依靠低成本的优势，但这种优势已经渐行渐远，过去那种传统的方式已经走不下去了，因此必须创新，必须变化。创新变化要靠谁？要靠企业家。创新变化是什么？就是企业家精神的实质。弘扬企业家精神是时代的呼唤，企业家精神是时代所需要的精神。创始人如何保持革新精神，如何传承企业家精神，让企业一直保持创造力和奋斗精神，是中小微企业必须面对的问题。

（二）工匠精神等待回归

对于中国来说，30年的工业化路程走得太匆忙，没有给自己留下思考和沉淀的时间，我国的制造业就像是一个身强力壮但没有灵魂的人。我们之所以会缺失工匠精神，是我国历史文化和现代教育共同作用的结果。对于大多数企业来说，做出来的货能卖得出去才是硬道理，对品牌创造、制作工艺的追求却不高。此外，大部分企业忽略了最为重要的原创和技术研发，至于专利和知识产权的积累则更不要提了，导致只能在微利的低端工业链条里挣扎。在这类公司老板看来，研制远远没有抄袭获利更快、更直接。工匠精神的弃守使我国制造业成为一个没有民族信念的经济“怪物”。我们曩日根底没有打厚实，因而亟须补课，“工匠精神”也是面向未来的立意。

（三）内部管理尚需完善

中小微企业普遍采取家族式管理，或合伙人式管理，经营管理比较粗放，以人治为主，企业围绕老板转，缺乏有效的公司治理结构，在公司战略定位、生产、营销及售后等方面缺乏专业的流程管控，更缺乏系统化的绩效工资体系，激励行为个人化、随意化。同时，中小企业很难吸引和留住专业人才，管理水平低、混乱，导致产品和服务水平低下，使得在发达国家市场，中国货成为低档货、廉价货的代名词。不加强内部管理水平，“中国制造”永远是中国小微企业家的“耻辱”。要想恢复明清时期“中国制造”风靡世界的名声，必须制造出一流的产品，而一流的产品必须由一流的管理支撑。

（四）市场竞争不断加剧

中小微企业多为粗放型、劳动密集型、微利型企业，市场竞争力多数不强，科技型、创新型、非资源型中小微企业发展不足，持续发展难度大。中小微企业生产的产品有相当一部分处于产业链中低端，初加工的产品多，深加工的产品少；零配件产品多，整机产品少；资源、劳动密集型产品多，资本、技术密集型产品少，造成产品的档次、技术含量比较低，产品附加值不高。中小微企业实施内部挖潜升级或外部拓展嫁接的空间极为有限；而全面转产、跳出原有的产品圈子，其风险又难以把握。竞争对企业来说是一把双刃剑。一方面，竞争给企业带来压力，稍有不慎，必会使企业陷于困境，或惨遭淘汰；另一方面，竞争给企业带来做强做好的动力，让企业保持旺盛的斗志，逼着企业把产品和服务做好，更好地为顾客服务。一个优秀的企业家从不会抱怨竞争激烈，而会在激烈的竞争中立足于把事情做好，并不断发现商机、把握商机。市场时好时坏是企业经营的基本特征，在最坏的时候还能活下来，就是竞争力。

（五）经营成本持续上升

近年来，劳动力成本已成为中小微企业经营成本中上涨最快的一项，究其原因有三个方面：一是物价上涨导致员工生活成本上升，促使员工工资不断被抬高，其中高房价已成为企业用工成本攀升的重要因素；二是国家对员工福利的保护力度加强，员工福利意识提升；三是企业在基本薪酬外支出的员工关联成本也显著提高，如小微企业自己培养的员工留不住，员工频繁跳槽导致企业在人员维护上投入更高的成本。原材料成本和其他要素成本的上升，使得许多原本就处于产业链低端的小微企业的盈利空间被挤压殆尽。尤其在发生通货膨胀时，原材料的价格一路猛涨，让很多小微企业措手不及。此外，大中型企业拖欠货款无形中也加大了小微企业的运营成本。经济不景气时，大中型企业同样资金紧张，有些企业即使签订了合同也可能会故意拖延，导致回款期加长。小微企业因此无法及时支付上游企业的货款，只好拖欠下游企业货款来缓解资金压力，从而形成新的三角债。未来5年的中小微企业只有兢兢业业、勤勤恳恳、脚踏实地地做产品、做企业才能够活下去、活得好。成本上升是刚性的，提升产品的附加值是唯一的出路。

（六）品牌缺乏核心竞争力

随着我国市场经济日趋完善，国内市场越来越开放，中小微企业所处的竞争环境及对手都已经发生了改变。国内国外强有力的竞争对手，在市场竞争中掌握主动权，市场游戏规则基本都是由他们来制定，这为中小微企业的发展带来了严峻挑战。因此，打造中小企业品牌的竞争力已不容忽视，如何抓住机遇、迎接挑战，成为我国中小企业界需要解决的紧迫问题，而品牌已经成为赢得顾客忠诚和企业求得长期生存与成长的关键，中小微企业只有通过培育和提升品牌核心竞争力才能获取持续竞争优势。我国大多数中小微企业核心竞争力仍然不强，与跨国公司甚至是本土的大公司相比，不仅在核心技术、核心产品、核心业务上缺乏竞争力，在品牌上更是缺乏竞争力，而品牌竞争力是企业整体竞争力的象征，是产品竞争力、技术竞争力、管理竞争力的外在表现。所以，中小微企业要想不断发展壮大、在市场中获得生存的一席之地、实现可持续发展，建立品牌核心竞争力迫在眉睫。

（七）税负重，盈利难

据调查，有半数以上的小微企业认为，当前的税费负担已经对企业经营造成了很大影响，也有企业反映税负不均。此外，企业涉税种类多、缴费项目多，也是造成企业税费负担过重的主要原因。税负重还可能会促使小微企业采取种种手段逃税。这样做不仅背离了现有的税收体制，更进一步阻碍了整个小微企业征信体系的建立，使企业无法通过健全的征信体系进行融资。小微企业受产量销量制约严重，企业的生产成本较高，而产品又通常以低价参与市场竞争，盈利空间狭小。此外，小微企业的销售费用和财务成本也是居高不下。

（八）创新人才缺乏

企业打造核心竞争力依赖优秀人才、管理和科技创新能力。人才缺乏是大多数小微企业的难题。大多数中小微企业为私营企业，企业规模小，发展空间有限，用人观念和机制比较滞后，对优秀人才难以形成吸引力，也难以留住优秀人才，从而出现一方面对人才求贤若渴，另一方面又“引不进、用不起、管不好、留不住”的尴尬境地。此类问题在中西部地区尤为突出，区位劣势造成企业在引进人才方面困难重重，即使花大力气引进了人才，也会因为发展空间、城市配套、子女教育等相关问题而留不住人才。

（九）环境治理与企业发展的矛盾

“一个年产值1亿的企业，搬厂要投入8000万，这种情况下，还干不干家居就是个问题。”一位家居行业资深人士感叹。即使不涉及搬迁的地区，中小企业也需要花好几百万元购买排污、消防等环保设施，这对在超低盈利空间飞行的中小制造业来说，几乎是摧枯拉朽式的洗牌。据媒体公开报道，全国34个省区市的地板工厂、家具工厂、喷涂工厂、陶瓷厂、浴室柜厂、淋浴房厂、卫浴五金厂均将“被检查”，无一能幸免。多位行业内人士也证实，从北到南，中小制造业正在批量死亡。打好大气污染防治攻坚战，既是政治任务、民心工程，也是促进企业转型升级、实现清洁生产的助推器。某省级工业主管部门日前调研发现，一些地方执行环保管控措施，不论企业是否环保达标，一律实行错峰停产，有的达标企业因此被关停4个月。以产业画线、以区域设界，实行环保管控“一刀切”，是最简单、最省事的办法，对于缓解突发雾霾天气也很见效；但对于推进环保与经济协同发展来说，对于开展治理大气污染的持久战和攻坚战而言，其措施还需要进一步完善。

（十）融资冰山依然难越

中小微企业融资难是全球性问题。国家对小微企业的发展一直非常重视，李克强总理2016年7月27日主持召开国务院常务会议，针对小微企业银行贷款，提出“三个不低于”标准；2017年《政府工作报告》又一次强调，要有效缓解中小微企业融资难、融资贵问题。然而，这一问题难以轻松破除。除了少部分管理水平较高、拥有优质资源的小微企业以及部分仅有临时资金周转需要的企业容易得到金融机构的资金支持外，大部分小微企业受经济下行影响，营运资金短缺是常态。同时，受限于规模相对较小的中小板市场，大多数中小企业无法通过直接融资渠道获取资金。此外，部分小微企业经营者不注重个人及企业的信用积累、缺少有效的融资担保，滋生了银行审批难、融资成本高等问题。不难发现，小微企业融资难，既有企业经营状况、信用意识等自身发展限制的原因，又有直接融资与小微企业需求不匹配的原因。

九、中小微企业发展的十三条建议

中小微企业在稳增长、保就业、调结构、促改革等方面具有不可替代的作用。当前我国中小微企业发展的基本面是好的，但是在发展中还存在经营不佳、销售下降、成本增加、信心不足等问题，必须引起高度重视。为进一步促进中小微企业健康发展，现提出以下建议。

（一）稳定预期，提振企业发展信心

有关数据表明，中小微企业发展信心与其对经济形势的判断和预期显著相关。一方面，要保持好宏观经济政策的连续性和稳定性，确保经济运行处在合理区间，避免经济波动对中小微企业预期的冲击；另一方面，要增强经济宣传工作的主动性，营造有利于中小微企业发展的积极氛围。

（二）深化改革，完善企业政务环境

通过继续鼓励创新、深化改革，促进新型工业、信息经济的发展，

促进消费、三产、公共服务业的发展，达到优化经济结构、寻找中小企业新亮点的目的，扩大经济新动能，稳定经济增长率。按照党的十九大对加强扶持中小企业创新的要求，全面推动新修订的《中小企业促进法》实施，进一步对中小微企业简政放权，着力清理现有阻碍中小微企业市场化发展的行政性审批，营造促进中小微企业更有效率、更加公平、更可持续发展的政务环境。

（三）减轻税负，降低企业发展成本

近年来，国家在减轻中小微企业税费方面作了很大努力，有效减轻了中小微企业负担，但中小微企业税费负担过重问题仍然存在，建议进一步减轻中小微企业负担。第一，研究进一步支持中小微企业发展的税收制度，扩大中小微企业税收优惠范围，将现有中小微企业税收优惠政策长期化，合理放开地方政府促进中小微企业发展的税收优惠限制；第二，进一步扩大减免涉企收费范围并清理、取消各种不合规收费，取消现有的对小型微型企业免征部分管理类、登记类和证照类行政事业性收费的时间截点限制；第三，加快推进服务行业的增值税转型改革，全面推进服务业营业税改增值税改革。从积极降低企业用地成本、降低企业用工成本、降低企业融资成本、降低企业用能成本、降低企业物流成本、降低企业制度性交易成本、规范政府涉企收费及保证金管理等八方面入手，按照中央的要求，多措并举，切实推进企业减负降本。

（四）适度倾斜，支持发展滞后地区

调查显示，欠发达地区中小微企业发展相对滞后，建议按照统筹区域发展的要求，加大对欠发达地区中小微企业的支持力度。积极鼓励金融机构加大普惠金融扶持力度，为欠发达地区提供更多的具有针对性的金融产品服务；鼓励商业银行在欠发达地区开设中小微企业专营机构。

（五）参与扶贫，履行责任，寻找机遇

精准扶贫最重要的是产业扶贫。“精准扶贫，产业是核心，市场是关键”，一些颇具实力的社会资本、中小企业在产业带动方面进行了积极探索，积累了市场化、规模化扶贫的有益经验。当前，中小企业面临重要的转型升级挑战，振兴乡村战略、精准扶贫都为广大中小微企业带来了履行社会责任、寻找新商机的重要突破口。

（六）走出国门，积极拓展国际市场

在“一带一路”建设框架下，中小微企业有着广阔的市场空间。尽管在“一带一路”建设项目中，独具优势的央企和国企是主力军，承担着基础设施、高铁、核电等大型项目建设。但是，民企也要善于“借梯登高”，与国家队“混搭”形成叠加优势，在市场化领域担当参与者、合作者。例如，大型项目配套的旅游、餐饮、中介等服务领域，都是中小微企业可以努力开拓的市场。

（七）稳定战略，深耕熟悉行业

很多中小微企业都是“跟着市场走”，缺乏长期战略，揽到什么活就干什么。盲目的多元化发展导致一些企业走向衰落，尤其在遭遇经营困境时，一些企业倾向于采取“追逐风潮、投机炒作”的短期策略。因此，中小微企业必须坚持“一米宽、千米深”的钻油理论，专注细分市场，把熟悉业务做精、做细、做到极致。

（八）质量管控，依托大数据完善内部体系

当前我国正处在向“工业 4.0”跨越的非常时期，大数据在我国的飞速发展为制造业插上了数据的翅膀。如何飞得更高、更快、更远，需要我们创新发展模式、主导新兴领域的规则建设，从而在席卷全球的新一轮科技革命和产业革命中占得先机。而小微企业占据着我国制造业极其重要的位置，运用大数据提升小微企业的质量管理水平，进而让“中国制造”遍布全球市场，理应成为我国制造业发展的必由之路。

（九）加强监测，把握行业发展动态

建议地方政府或相关部门按季度开展专题调查、研究和监测分析，实时掌握中小微企业人才情况、融资情况、税费情况、成本情况、经营情况，深刻把握中小微企业发展难题与政策需求，为国家促进中小微企业健康发展决策服务，为中小微企业现实发展服务。

（十）协同发展，建立战略合作伙伴关系

市场经济下，市场竞争的残酷性和外部环境的多变性要求小微企业转变传统的经营理念，树立竞争与合作的意识。与同行业企业或在供应链上下游之间建立战略合作伙伴关系，通过创新与合作，共同解决业务下滑、成本过高、融资困难等现实问题。一是同行业的小微企业之间可联合起来进行创新，在节省成本的同时共同分享创新成果，实现企业实力的提升。二是技术水平或资金能力较弱的企业，可采用与其他厂商合资合作的方式，实现企业的间接转型升级，如与其他厂商以合资的形式共同建立公司或工厂，其中辅以可能的技术合作，以此弥补小微企业在资金和技术方面的不足。三是小微企业应积极参与到产业集群中进行发展，在龙头企业的带动下联合开发新技术、协调上下游产品的供应和共享市场信息，以此降低集群内企业的生产成本和交易费用，提高企业的市场竞争力。

（十一）技术创新，实现产品升级换代

在新产品研发过程中，企业应主动与客户沟通，洞察客户需求的变化，时刻关注新产品和新市场。通过技术创新转向更高端、更有潜力的生产线，比竞争者更快、更多地研发出符合市场需求并且有较高技术含量和附加值的新产品，或是与普通产品有较大差异的特种产品，树立企业自身的差异化竞争优势。单纯贸易型的小微企业要立足长远，瞄准市场，选择有一定市场潜力的产品，向供应链的上游延伸发展，涉足产品的生产制造领域，以降低经营成本。产品范围较广、单项产品又尚未形成规模的小微企业可以重点选择一两个系列的产品，走“专、精、尖”的道路，实现产品从规模到技术与质量的提升和转变。

（十二）盘活资金，降低融资成本和压力

一直以来，小微企业从银行融资的主要产品为流动资金贷款和银行承兑汇票。和大中型企业相比，小微企业缺乏实力、规模和授信优势，企业必须提供足额的抵押后方可获得贷款。银行承兑汇票是企业融资的主要工具之一，在缓解企业资金紧张、扩大销售、盘活资金等方面发挥着积极作用。由于承兑汇票的限制条件少，手续简单，越来越成为各类企业进行短期融资的首选工具。承兑汇票的合理运用有利于盘活资金、降低企业财务成本。

（十三）创新模式，捕捉更多的营销机会

随着网络技术和电子商务的高速发展，低成本的网络营销方式不仅成为企业拓展业务的新形式，也给企业带来了很好的机遇。在当前形势下，小微企业可以通过选择适合自身的电商、微商营销模式，实现购销资源的优化配置，提升企业的市场竞争力。

十、十九大给中小微企业带来九大利好

（一）再次重申坚持“两个毫不动摇”

报告指出，“必须坚持和完善我国社会主义基本经济制度和分配制度，毫不动摇巩固和发展公有制经济，毫不动摇鼓励、支持、引导非公有制经济发展”。

（二）第一次提出要支持民营企业发展

报告指出，“要支持民营企业发展，激发各类市场主体活力，要努力实现更高质量、更有效率、更加公平、更可持续的发展”。我国的民营经济是改革开放以来在党的方针政策指引下，从无到有、从小到大、由弱到强发展起来的。习近平总书记直接使用“民营企业”的概念，既表明了我们党对民营企业认识的逐步深化，又对民营企业为改革开放和经济社会建设做出的贡献给予了充分肯定，是中国特色社会主义道路自信、理论自信、制度自信和文化自信的重要体现，必将激励我国广大民营企业为决胜全面建成小康社会做出新贡献。

【案例】曙光模式——民营都市工业园开发的成功实践

曙光都市工业园的开发，有人将其总结为曙光模式，主要有以下五点：紧扣市场需求，与大型企业相结合；适应地域特征，与特色工业园相结合；符合城乡统筹，与都市发展相结合；最大化集约土地资源，向空中要地；以生产、生活、生态一体化为建园标准。

曙光都市工业园开发的三大创新：一是开发战略强调“三同步”，紧跟产业、时代和政府的步伐，相向而行；二是开发特色强调“三化”和“三生”，高效利用土地，推进产业集群化，突出后续服务和高品质园区优势，以小搏大，显示出曙光都市工业园强大的市场竞争力；三是开发策略强调“三相融”，依托大型企业的市场优势、特色工业园的产业优势和重庆城市发展的政策优势，借势发力，顺风行船，择木而栖，体现了民营企业胜人一筹的开发策略。这三大创新，从一定意义上讲，也可以说是曙光模式的具体特征。

（三）强调把发展经济的着力点放在实体经济上

报告指出，“建设现代化经济体系，必须把发展经济的着力点放在实体经济上，把提高供给体系质量作为主攻方向，显著增强我国经济质量优势。”2017 年两会期间，习近平就指出，不论经济发展到什么时候，实体经济都是我国经济发展、在国际经济竞争中赢得主动的根基。

（四）提出要打破行政性垄断，清理废除妨碍统一市场和公平竞争的各种规定和做法

报告指出，“全面实施市场准入负面清单制度，清理废除妨碍统一市场和公平竞争的各种规定和做法。深化商事制度改革，打破行政性垄断，防止市场垄断，加快要素价格市场化改革，放宽服务业准入限制，完善市场监管体制。要使市场在资源配置中起决定性作用，更好地发挥政府作用。”随着十九大精神的贯彻落实和全面深化改革的推进，一切妨碍市场公平竞争的各种规定和做法必将不断被清除，民营经济的市场地位将会得到尊重，民营经济的活力和创造力一定会被充分激发出来。

（五）第一次提出要加强对中小企业创新的支持

报告指出，“深化科技体制改革，建立以企业为主体、市场为导向、产学研深度融合的技术创新体系，加强对中小企业创新的支持。”当前，世界新一轮科技革命和产业变革正在孕育兴起，许多中小企业充分发挥创新能力强、机制灵活、市场敏锐的优势，紧紧依靠技术创新，主动对接国际先进技术，在市场比较低迷的情况下，仍显示出了较强的生机和活力。

（六）提出支持传统产业优化升级

报告指出，“支持传统产业优化升级，加快发展现代服务业，瞄准国际标准提高水平”。我国的民营企业，基本处于产业链低端，不少属于劳动密集型、资源依赖型和能源消耗型企业。当前，我国经济已由高速增长阶段转向高质量发展阶段，正处在转变发展方式、优化经济结构、转换增长动力的攻关期。在这种情况下，传统企业要实现持续健康发展，必须把握、顺应发展大势，结合自身所处的行业发展和企业自身实际，走转型优化升级之路。

（七）提出经济体制改革必须以完善产权制度和要素市场化配置为重点

报告指出，“经济体制改革必须以完善产权制度和要素市场化配置为重点，实现产权有效激励、要素自由流动、价格反应灵活、竞争公平有序、企业优胜劣汰”。产权是公民、法人最为重要的一项权利。有恒产者有恒心。产权制度是社会主义市场经济的基石，保护产权是坚持社会主义基本经济制度的必然要求。要保障现代市场经济持续健康发展，就必须建立健全归属清晰、权责明确、保护严格、流转顺畅的现代产权制度。近几年来，在一部分企业家中弥漫着一种“小富即安，大富难安”的情绪，甚至有企业家认为“不挣钱心慌，挣钱也心慌，挣得越多心越慌”。对于财产权的保护，成为民营企业最为关心的问题之一。报告中又一次强调完善产权制度，标志着我国坚持和完善产权保护制度的伟大实践将进入一个新的发展阶段，将为广大民营企业安心、专心、用心谋发展创造更加有利的制度环境。

（八）提出激发和保护企业家精神

报告指出，“激发和保护企业家精神，鼓励更多社会主体投身创新创业。建设知识型、技能型、创新型劳动者大军，弘扬劳模精神和工匠精神，营造劳动光荣的社会风尚和精益求精的敬业风气”。

（九）提出要构建“亲”“清”新型政商关系

报告指出，“构建‘亲’‘清’新型政商关系，促进非公有制经济健康发展和非公有制经济人士健康成长”。此举既能帮助民营企业解决发展中遇到的各种困难和问题，又能守住底线不以权谋私；同时，也必将激励广大民营企业家洁身自好，遵纪守法办企业、光明正大搞经营，为决胜全面建设小康社会、夺取新时代中国特色社会主义伟大胜利做出新贡献。

走向2018，进入新时代，党中央、国务院高度重视缓解小微企业融资难、融资贵问题。近年来，已陆续出台一系列财政金融等方面的措施，加大差异化政策支持，引导金融机构持续强化小微企业融资服务，积极缓解小微企业融资难、融资贵问题，促进创业创新和新动能成长，扩大就业，增强经济发展活力和包容性。走向2018，在十九大的春风里，国家确定的四项新优惠政策将惠及千万中小微企业：

（1）国家实行有利于小型微型企业发展的税收政策，对符合条件的小型微型企业按照规定实行缓征、减征、免征企业所得税、增值税等措施，简化税收征管程序，减轻小型微型企业税收负担。

（2）高等学校毕业生、退役军人和失业人员、残疾人员等创办小型微型企业，按照国家规定享受税收优惠和收费减免。

（3）国家采取措施支持社会资金参与投资中小企业。创业投资企业和个人投资者投资初创期科技创新企业的，按照国家规定享受税收优惠。

（4）国家鼓励中小企业按照市场需求，推进技术、产品、管理模式、商业模式等创新。

2018 年，中小微企业发展的春天，我们拭目以待！

2017年中国企业家健康指数分析报告

顾　　问：姜　明　张凤楼　王　民　李镇西　杲传勇　汪官蜀
主　　编：李献平　葛　青　任兴磊
编　　辑：陈建煌　田海龙　沈亚桂　许　湘　王　刚　李高阳
谭慧媛　葛文刚　郭　宇　贾雪峰　朱永茂　高　平
专家撰写成员：（排名不分前后）
陈　宏　中国中小商业企业协会企业家健康工作委员会首席专家、安贞医院心外科主任
王　宁　首都医科大学宣武医院神经外科主任
贾海英　北京306医院体检科主任
范京胜　首都医科大学附属北京康复医院神经内科主任
齐永建　北京王府中西医结合医院骨伤科主任
冯　炜　中国中医科学院望京医院耳鼻喉科主任
薛　骏　上海复旦大学附属华山医院肾脏内科教授
钱义明　上海中医药大学附属岳阳中西医结合医院教授、急诊科主任
李福伦　上海第七人民医院副院长教授
陈　越　上海交通大学医学院附属同仁医院中医科教授
彭　军　河北燕达医院药剂科主任
李　杨　成都祝乐健康管理有限公司音乐医学教授
李世会　四川成都透彻体检医院院长博士
李扬帆　四川现代疑难病研究院副院长教授

陈　强　四川省成都大学附属崇州医院副教授

卢晓华　陕西省健康管理行业促进会副秘书长、西安生物医学院中医客座教授

中国中小商业企业协会

2017 年 11 月

2017 年中国企业家健康指数分析报告

序　言

本报告深入分析了不同地域、不同年龄段、不同性别的中国企业家的工作强度、身体健康指数、心理健康指数等内容，并通过数据分析为中国企业家特别是中小企业家提出了健康改善指导意见。希望此份白皮书能够为中国企业家的健康改善提供参考。

通过抽样调查、大数据分析、案例采集等专业方法，围绕企业家所在的行业、所处的区域、年龄以及不同的创业和经营阶段，提出健康指数分析意见，对一些重要问题提出警示，努力用充分的材料、完善的数据、可信赖的指导意见，体现报告的权威性和专业性。

中国中小商业企业协会对企业家，特别是中小企业家及创业者的健康十分关注。近几年企业家的健康状况也是国家和社会非常关注的问题，企业家承担的社会责任和创造的价值巨大，理应得到全社会的关注，健康问题更要引起企业家自身的重视！

中国企业家健康指数分析报告的发布，是想通过分析企业家健康现状及问题，最终指导和服务企业家进行健康管理。北京润世康健健康管理中心作为协会指定的健康管理服务机构，将提供专业的健康指导及方案，让企业家能够拥有强健的身体，实现更高的自身价值！

中国中小商业企业协会

北京润世康健健康管理中心

《2017 年中国企业家健康指数》编撰组

2017 年 11 月 25 日

本报告在中国中小商业企业协会指导下，针对协会中的1355位中小企业家进行一对一调研；联合国内最权威的体检机构美年大健康，对6700余位企业家样本数据的16类常见体检指标异常进行数据分析；同时调取了润世康健旗下共368位企业家的私人定制服务健康数据。

健康数据的采集包括线上的企业家调查问卷，即对饮食习惯、烟酒消费、体育锻炼、医疗和保健品支出、快乐指数等内容的调查，同时采集全国各地区医院化验科、门诊及体检中心的企业家健康数据库，由各大医院专家及润世康健医疗团队针对有效数据进行分析，最终形成本报告。

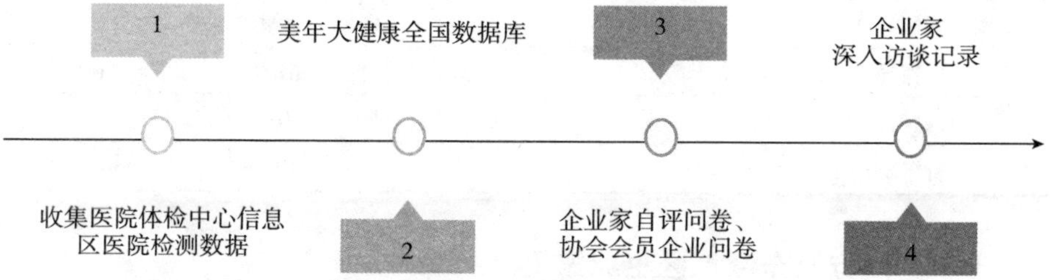

图1　本报告健康数据来源

一、中国企业家工作强度过大

《2017中国企业家健康指数分析报告》通过对7000余位样本企业家的16类常见体检指标异常进行分析，发现企业家群体整体指标异常率偏高。其中，至少1项指标异常的企业家占到91.2%，比2016年的90.0%高出1.2%。5项指标异常者占比为50.9%，即半数以上。更让人担忧的是，有1.6%的企业家的异常指标超过10项，健康状况堪忧。

表1　样本企业家异常指标检出情况

异常指标	检出率	关联疾病（常见或高发疾病）
乳腺增生（女）	73.1%	乳腺增生
甲状腺异常	66.3%	甲状腺肿、甲状腺功能亢进/减低
颈椎异常	70.5%	颈椎病

续表

异常指标	检出率	关联疾病（常见或高发疾病）
血脂异常	66.3%	冠心病、动脉粥样硬化、脑血栓
前列腺异常（男）	61.9%	前列腺增生、前列腺炎
宫颈疾病（女）	53.4%	宫颈炎、宫颈癌
肥胖	53.2%	脂肪肝、肝硬化
血压异常	45.1%	冠心病、高血压、脑血管病
脂肪肝	42.7%	脂肪肝、肝硬化
眼部疾病	36.6%	白内障、黄斑病变
慢性咽炎	30.2%	慢性咽炎、支气管炎
幽门螺杆菌阳性	27.6%	慢性胃炎、胃绞痛
尿酸异常	20.4%	痛风、急慢性肾炎
血糖异常	17.5%	糖尿病、糖尿病眼病、糖尿病肾病
转氨酶异常	17.3%	脂肪肝、肝硬化、肝炎、肝癌
骨质疏松	14.2%	骨质疏松

（一）南方及东部地区企业家更“拼命”

东部地区企业家日平均工作12.5小时，每周工作69小时；南方地区企业家日平均工作12小时，每周工作68小时；北方地区企业家日平均工作11小时，每周工作62小时；西部地区企业家日平均工作10小时，每周工作60小时；港澳台地区企业家日平均工作11.5小时，每周工作66小时。

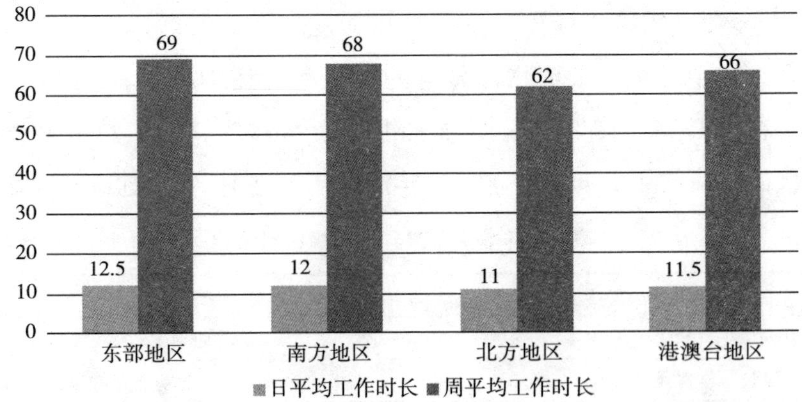

图2　全国各地企业家平均工作时长

（二）“北上广”地区企业家健康状况更堪忧

从城市层面看，中国企业家样本人群分布较广的北京（52%）、上海（54%）、广州（59%）等城市，每日工作超过11小时的企业家比重最大，杭州（31%）、南京（43%）略低，偏西部的重庆、成都等城市最低，港澳台地区处于中间水平。企业家的睡眠及休息时间难以保证，对企业家的身体健康不利。

（三）企业家近半时间在为公司发展“奔波”

抽样调查结果显示，从整体上看，作为一名企业家，平均一周要工作6.2天，每天的工作时间将近11个小时，而睡眠时间仅为6.4个小时。在所有企业家中，有20.3%～25%的企业家一周7天都处于工作状态，而有超过1/3的企业家每天的工作时间超过12个小时。

“会议和谈判”在企业家的工作中占据了重要地位。一名企业家平均每周要将27.8个小时花费在会议和谈判上，如果以每周工作6天计算，企业家平均每天要花4.6个小时参加各种各样的会议。此外，企业家每周花在应酬、跑社会关系等社交工作上的时间约为18.6小时，而用商务出行上的时间约为21小时。从整体来看，企业家用在会议决策、社交、商务这三项工作上的时间，占其全部工作时间的86%。

（四）企业家睡眠健康指数行业差异大

根据数据统计，中国中小企业家平均实际睡眠时长为6小时17分钟，比非企业家人群足足少了1小时。从行业上看，医疗行业作为高强度服务业，企业家睡眠时间仅为5小时49分钟；制造业经营环境不够好，企业家睡眠时间仅为5小时45分钟；纺织业贸易订单萎缩，企业家睡眠达到7小时5分钟；农业体力工作较多，企业家睡眠质量较好，达7小时15分钟。

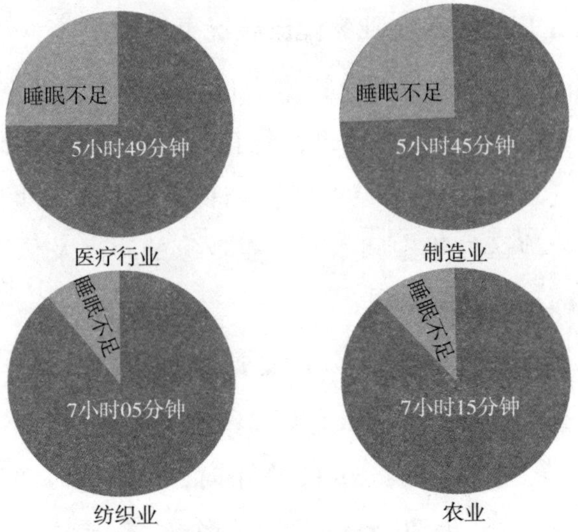

图3　不同行业企业家平均实际睡眠时长

中小企业家睡眠质量普遍不高，超过9成的人存在不同程度的失眠问题，特别是中小型创业企业家，58%有深度失眠问题；面访受访者中，39.2%的中小型企业家认为自己缺乏深度睡眠；当睡眠不足时，43%的企业家表示会出现判断力下降的状况，31.7%的企业家表示会影响决策力，而这两点恰恰是企业家最为需要的特质。

二、中国企业家身体不够健康

（一）不同年龄段会被不同的疾病“折磨”

调查结果显示，30～39岁的男性企业家易患肥胖、脂肪肝，女性企业家易患妇科炎症；40～49岁的男性企业家易患颈椎病、高血脂，女性企业家易患骨质疏松；50～60岁的男性企业家易患高血糖、痔疮，女性企业家易患高血糖、肥胖；60岁以上的男性企业家易患前列腺、甲状腺疾病，女性企业家易患咽炎、眼疾。60岁及以上企业家样本人群比18～29岁的企业家相同疾病的得病概率分别高出0.6倍、2.2倍和7.5倍。

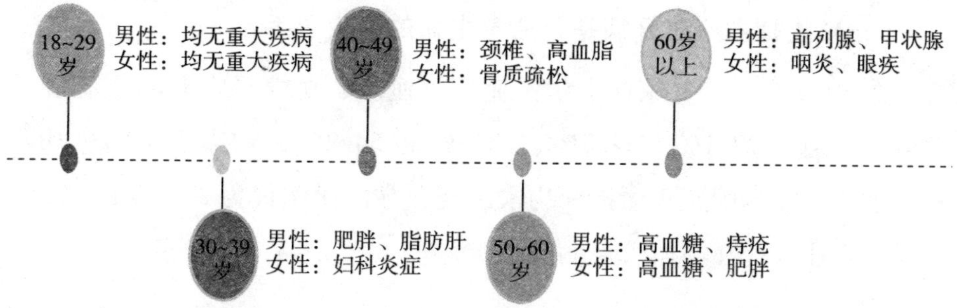

图4　不同年龄段、不同性别中国中小企业家常见病

（二）男性企业家比女性企业家身体状况更差

数据显示，男性和女性企业家样本中至少5项指标异常的比例分别为56%和37%。异常指标越多，男性企业家样本人群的检出比例越高。总体来说，男性企业家样本人群的健康状况更差。

在同一区域同一行业内，男性企业家样本人群的患病比例普遍比女性企业家样本人群更高，肥胖的男性企业家数量为女性企业家的2.16倍，尿酸异常的男性企业家数量是女性企业家的8.67倍。

中国每年因高血压死亡的人群中，男性人数都大于女性；从心血管病危险因素之一的吸烟率来看，男性更是显著高于女性。此外，国内外流行病学研究显示，男性糖尿病患病率普遍高于女性。这些已报道的数据都表明，男性患心血管疾病的危险指数也大大高于女性。

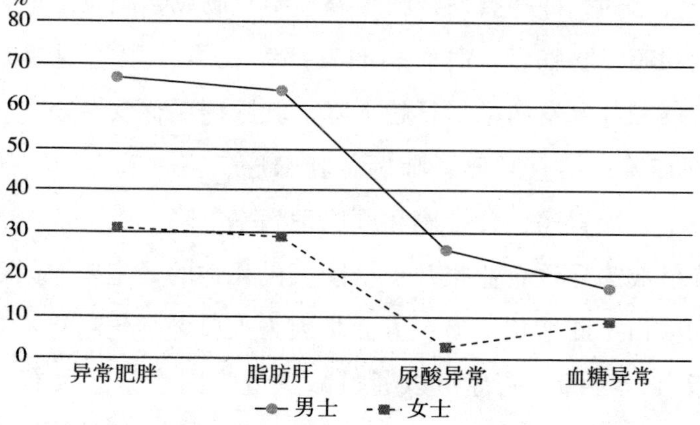

图5　男女企业家患病率对比

（三）癌症和心血管病是企业家生命的两大杀手

在7000余个企业家样本中，血压、血脂、血糖异常及超重肥胖的发生率分别为27.1%、54.7%、13.9%和54.2%，均高于全国患病水平。企业家样本中这4项指标均未出现异常的比例仅为23.2%，即超7成样本企业家存在心血管疾病隐患。

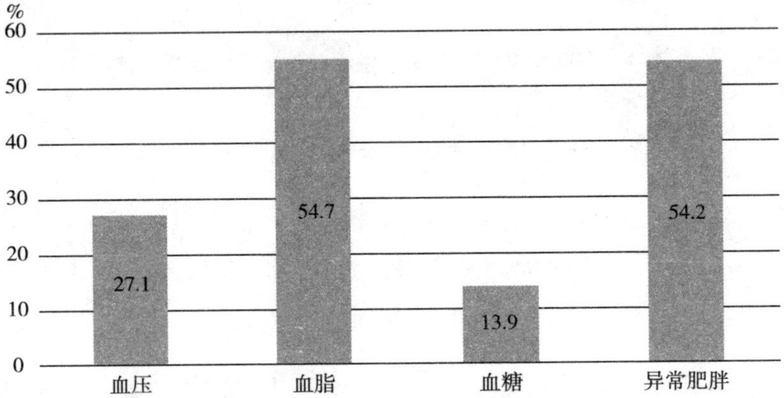

图6　样本企业家四种疾病发生率

根据《2015年中国癌症统计》，2015年，我国预计共有429.2万新发癌症病例和281.4万癌症死亡病例，相当于平均每天有12000人新患癌症，7500人死于癌症。2016年和2017年，这一数据又将增长1%～3%。

除最常见的5种肿瘤外，胰腺癌、结直肠癌、脑及中枢神经系统肿瘤、前列腺癌、膀胱癌、白血病的发病率在男性中呈现上升趋势，胃癌、食管癌和肝癌发病率则日趋下降。乳腺癌堪称女性杀手，占女性所患癌症的15%；结直肠癌、肺癌、乳腺癌、宫颈癌、子宫癌、甲状腺癌发病率上升，胃癌、食管癌和肝癌发病率下降。

癌症已成为导致企业家乃至全国人民死亡的最主要原因之一，一方面是因为人口不断增长，另一方面是因为人口老龄化趋势不断发展。但研究者指出，约60%癌症可以通过减少危险因素暴露及有效的临床诊治来加以预防和治疗。另外，控制空气、土壤和水体的污染，对于减少癌症负荷也有积极效应。

（四）医生企业家的悲剧让人反思和痛心

张锐，1972 年出生于安徽，中国人民大学生物学学士、新闻学硕士。2011 年 7 月，张锐、光辉、柏毅一起创立了春雨医生。2011 年 11 月，春雨医生获得了 300 万美元的 A 轮融资，随后春雨医生 APP 正式上线。2012 年 9 月，春雨医生获得了 800 万美元的 B 轮融资。2014 年 8 月，春雨医生获得了 5000 万美元的 C 轮融资，创下国内移动健康领域最大的一笔单笔融资。2016 年 10 月 5 日，张锐突发心肌梗死去世。

张锐生前接受采访时表示，2016 年至 2018 年，移动医疗资本环境遇冷正是好的并购机会，“我愿意并购基于远程问诊的技术类公司和家庭检测技术类公司。”过度劳累、精神压力大、不注意健康管理，让这位优秀的创业家失去了宝贵的生命，让家人伤心，让社会痛心。

三、中国企业家心理疾病患病率大增

（一）企业家因工作压力造成精神压力大

企业家管理企业不轻松：制定战略，为企业寻找新的发展机会，是工作上的第一压力，企业内部的管理也往往困扰着企业家，而处理与企业生存环境相关的复杂关系成为第三大压力。

有 62% 的企业家承认面临一定程度的工作压力，认为工作没有压力的企业家只有 5%。“寻找新的发展机会，制定企业战略”是企业家面临的最大压力，有 69.5% 的企业家承认在处理这项工作时，感觉压力很大。随后是“企业内部管理工作”，占比为 49.67%。而“处理与企业生存环境相关的复杂关系”也是企业家工作压力的另外一个来源，排在第三位，占比为 46.1%。心理压力及心理疾病对企业家健康的影响越来越大。

（二）企业家心理疾病发病率急剧上升

样本调查显示，企业家心理疾病的发病率急剧上升。

有70.5%的企业家有时或经常出现“烦躁易怒”的症状，感到“疲惫不堪”的占62.7%，“心情沮丧”的占37.6%，“疑虑重重”的占33.1%，“挫折感强”的占28.6%，“悲观失望”的占16.5%。更为严重的是，从20世纪80年代起，仅仅有记录的就有1200名企业家以自杀作为自己生命的终点，近几年则更为频发。

企业负责人承担着工作中的不确定性和各种各样的风险，心理压力大、工作时间长，同时因为工作强度大、期望值高，比其他人更容易产生烦躁、易怒、心情沮丧、猜疑、挫折感等情绪，长期积累下来易患抑郁症、焦虑症、恐惧症等心理疾病。

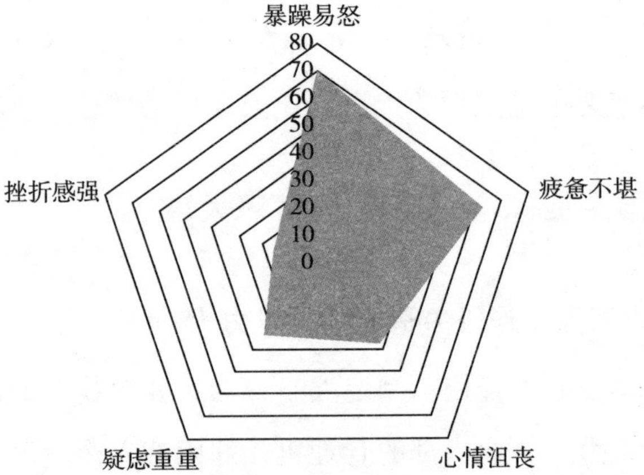

图7　企业家心理疾病发生率倾向

四、近三年企业家总体健康状况对比

2015年企业家患病比例为：30岁以下企业家为1.75%，31～35岁的为10.53%，36～40岁的为35.09%，41～45岁的为31.58%，46～50岁的为24.04%，51～55岁的为9.02%。

2016年的患病比例为：30岁以下企业家为3.05%，31～35岁的为

12. 33%，36～40 岁的为 36. 19%，41～45 岁的为 34. 9%，46～50 岁的为 26. 5%，51～55 岁的为 11. 28%。

2017 年的患病比例为：30 岁以下企业家为 5. 01%，31～35 岁的为 14. 15%，36～40 岁的为 38. 11%，41～45 岁的为 35. 98%，46～50 岁的为 27. 85%，51～55 岁的为 13. 51%。

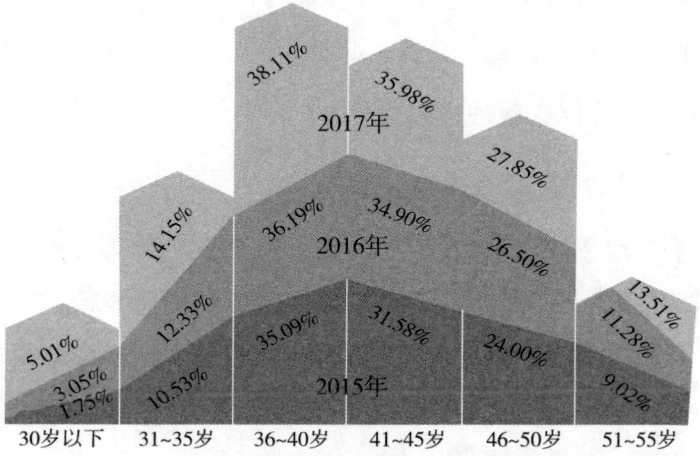

图 8　2015—2017 年不同年龄段企业家患病比例

五、中国企业家改善健康指南

按照以预防为主的方针，通过健康教育、人员培训、定期体检、健康秘书、名院名医，让企业家们保持充沛的精力、健康的体魄、聪颖的大脑，为国家及人民创造更多的财富和价值。

（一）企业家健康管理

1. 自己管理自己

企业家健康需要从自己做起，时刻注意自己的作息时间、饮食及睡眠，细心观察自己身体的变化，及时发现突发的状况和疾病的发展趋势。

2. 家庭管理

企业家的亲人们对企业家的生活方式、行为方式很了解，所以对他们的忠告应该听、应该采纳。

3. 医生管理

定期体检，靠医护人员监护、检查身体各处的状态，如血管、血液、大小便、心脏、脑袋、肠胃、肝脏等，及早发现病变。

（二）企业家健康管理方式指导

1. 控制“四高”，饮食先行

高尿酸已成为继高血压、高血糖、高血脂之外的“第四高”，这“四高”可引发心梗、脑梗、冠心病等心脑血管疾病和糖尿病等代谢系统疾病。特别是对于忙碌的企业家来说，“四高”已成为健康最大的敌人。远离“四高”，控制饮食最关键，要遵循“3-5-7 原则”：

（1）3 高：高植物蛋白、高新鲜度、高纤维；

（2）5 低：低胆固醇、低脂肪、低盐、低糖和低酒精量；

（3）7 分饱：饭菜只吃七分饱，控制食欲，杜绝暴饮暴食，聚会适时离场。

专家建议，除了饮食控制，也要搭配健康生活方式及运动。吸烟及饮酒对心、肺、肝脏都有危害，尤其对已有“四高”的病人危害更大。统计数据表明，吸烟者因心血管疾病死亡或致残的概率要比不吸烟者高 4 倍，而已存在“四高”的情况下，这个概率还要大幅度上升，因此，企业家一定要注意戒烟限酒。

体力活动及运动可以消耗血糖，减少体内脂肪蓄积，提高肝脏对胰岛素敏感性，不仅是预防糖尿病的有效措施，而且对控制血糖、血脂、血压及体重均有诸多益处。

运动强度应该由小到大循序渐进，开始一周进行小负荷适应性锻炼，身体适应后强度再逐渐加大，每天运动 30～60 分钟比较合适；一天可以分几次进行，每次 15 分钟以上，运动前后要做 5 分钟左右的肢体准备、整理活动，如体操、打拳等。运动频率为每周 4～7 天。

2. 亚健康“集”病要重视

亚健康是指人体处于健康和疾病之间的一种状态，表现为一定时间内的活力降低、功能和适应能力减退的症状，是身体患病的一种临界状态，是许多疾病的前期征兆，如心血管疾病、十二指肠溃疡、肝炎、癌症等。由于其潜伏期很长，一般为 8～10 年，所以大多数企业家对其认识不足，进而引发不可逆转的疾病。亚健康状态与慢病非传染性疾病有密切关系，多数慢性非传染性疾病都是先出现亚健康状态，如心动过速、心悸、心前区疼痛等，但心电图检测未见异常，长期忽视可能出现心脏器质性损害。因此，出现亚健康状态一定要及早调理、及早解决，避免疾病的发生，保护自身的身体健康。

3. 癌症预防要趁早

加强企业家防癌健康教育，提高对癌症的认识和自我保健能力。保持良好的精神状态，培养正确的人生观、价值观；日常注意饮食营养的均衡，不偏食、不反复吃相同的食物和药物；不吸烟不酗酒，适量摄入富含维生素 A、C、E 和微量元素硒的食物，少吃过咸、过热和烧焦的食物，不吃发霉的食物；避免过度日晒、过度劳累，保持个人的清洁卫生，注意身体锻炼等，以增强体质，提高自身抗癌能力。

合理使用医药用品。切勿滥用药物及放射线，尤其是妊娠期妇女的诊断性照射，以防止白血病、骨肉瘤、皮肤癌等的发生。

注意日常监测，定期体检。女性注意乳腺自检，每年应进行临床及必要的 X 光筛查；男性注意结肠、直肠癌的筛查。40 岁以上人群每年进行 1 次直肠指检；50 岁以上人群，特别是有家族肿瘤史、家庭息肉史、息肉溃疡史及结肠直肠癌史者，应每年进行 1 次大便隐血试验，每隔 3～5 年做 1 次直肠镜检查。

有症状人群的监测。由于人体所患的恶性肿瘤约 75% 以上发生在身体易于查出和易于发现的部位，重视常见恶性肿瘤的癌症信号，及时主动去医院检查，有利于恶性肿瘤的早期发现、早期诊断、早期治疗。

六、健康的作息时间表

（一）上午时间

7:00 起床的最佳时刻，身体已经准备好一切了

打开台灯，告诉身体的每一个部分，尽快从睡眠中醒来，调整好生物钟。醒来后需要喝一杯温开水，水是身体内成千上万化学反应得以进行的必需物质，饮水帮助每一个缺水的细胞都重新活力四射。

7:20—8:00 吃早饭，早饭必须吃

一上午专注的工作需要正常的血糖水平来维持，因此为自己准备一份丰盛的早餐是必需的。

8:30—9:00 避免运动

清晨并不是运动的最佳时间，因为此时免疫系统功能最弱。可以选择步行上班，有益健康。

9:00—10:30 安排最困难的工作

工作的最佳时间，是头脑最清醒、思路最清晰的时间段。千万不要把宝贵的时间用来看电影、逛淘宝。

10:30 眼睛需要休息一会儿

看看窗外，眼睛很累了，需要休息一会儿。

11:00 吃点水果

上午吃水果是金，水果的营养可以充分被身体吸收。此时血糖水平可能会有一些下降，让身体无法专心工作，水果是最佳的加餐食物。

（二）下午时间

12:00—12:30 午餐别忘了多吃豆类

豆类是很棒的食物，富含膳食纤维和蛋白质，别光顾着吃肉，多吃些豆类食物。

13:00—14:00 小睡一会儿

30分钟的午休会让你精力充沛，重要的是会更健康。逛淘宝、聊天并不能帮你缓解困意，反而会在停止后更加困倦，最好的休息方式当然还是小睡一会儿。

16:00 一杯酸奶

酸奶是零负担的健康零食。酸奶可以在保持血糖稳定的同时，帮助肠道消化，而且有研究发现，喝酸奶对心血管系统的健康很不错。

（三）晚上时间

19:00 最佳锻炼时间

晚餐后稍作休息，可以开始健身了。可以选择相对温和的快步走，也可以慢跑或游泳。根据个人需求进行体育锻炼，既可以消耗晚餐热量，也能够轻松瘦身。最关键的不仅是运动时间要超过40分钟，而且需要长期坚持。

20:00 看电视或看书

工作太辛苦的时候，看会儿电视或书籍、杂志，反而会让你更轻松随意。如果希望自己学习更多的东西，不如看些专业的书籍，这对你的个人积累很重要。

22:00 洗个热水澡

帮助身体降温和清洁，有利于放松和睡眠。

22:30 上床睡觉

为了保证充足的睡眠，是时候睡觉了。试图颠倒生物钟的作息，会为身体留下抹不掉痕迹，35岁之后你就会明白什么叫“病找人”。

七、健康谏言

企业家群体是精英中的精英，是推动人类文明前进的重要力量。他们为中国的经济和社会发展做出了卓越的贡献，但往往由于公司运营压力巨大而忽略了自身的健康问题，健康状况堪忧。保护企业家的健康对促进企业发展，提高企业家和广大员工的生活质量、生命质量，维护社会稳定具有重要意义。

北京润世康健健康管理有限公司落实“全民大健康”的指导思想，秉持“实时为广大民众服务”的理念，第一家线下店位于望京嘉美风尚小区，中心面积220平方米，第二家线下店位于合生麒麟社小区，中心面积200平方米。服务范围覆盖健康咨询风险评估、送“医”上门、生物电经络理疗、中医个人专属调理方案制定、慢性病调理及康复、营养膳食指导、运动指导、小儿按摩、女性内分泌调理、男性前列腺调理等项目。公司预计一期开设20家连锁中心，3年内达到100家。公司首批组建了20个健康管理团队，每个团队均由健康管理师、营养师和健康助手组成，完成有健康需求人群的健康档案建档、专业指导、控制疾病危险因素等工作。为服务对象建立健康档案，完成人群健康风险评估以及重点人群健康干预计划，包括膳食营养干预、健康教育干预、运动干预、精神压力干预、肥胖干预、糖尿病干预等，并举办高血压、糖尿病、高血脂、老年痴呆、戒烟限酒、体重控制等多个专题讲座。

健康管理是通过系统的检测、评估、干预等手段持续改善不良的生活方式，降低危险因素，并有效预防和减少疾病的发生，使慢性病人群向亚健康人群转变、亚健康人群向健康人群转变，从而达到提高生活质量的目的。

中小企业转型升级与创新发展

庄聪生
第十二届全国政协委员
全国工商联前副主席
中国民营经济研究会会长

习近平总书记在十九大上作了3个多小时的报告，先后10次提到了跟民营经济有关的一些重大论述。强调要毫不动摇地巩固和发展公有制经济，毫不动摇地鼓励支持非公有制经济发展；在党的报告中第一次提出要支持民营企业发展，强调要把发展经济的着力点放在实体经济上，要打破行政垄断、清理废除妨碍统一市场和公平竞争的各种规定和做法，充分激发市场的活力和创造力；提出来要进一步激发和保护企业家精神，尤其是第一次提出要加强对中小企业创新的支持。

中国中小企业占到整个市场主体的95%以上，国家登记的中小企业有2498万户，个体工商户6154万户，平均每天新增4.9万个市场主体，平均每天新注册企业1.6万户，企业的活跃度高达70%。从全国区域经济发展的情况来看，哪个地方的中小企业保有量大、活跃度高，哪个地方的市场发育程度就好、经济发展就好、老百姓就富裕。今天，中小企业的多少，已经成为一个地区发展好坏的主要标志。中国的经济差距大部分表现在东部与西部的差距、城市与农村的差距，但是最根本的是民营企业的差距。

近两年，在参与全国政协的几次东北调研中，看到东北一望无际的黑土地，黑黝黝的石油、煤矿，自然资源禀赋这么好的东北为什么发展相对落后呢？因为东北的民营经济没有发展起来，对中小企业发展的培育不够，造成具有天然优势的国有企业规模很大，但“大树底下不长草”的困局。而反观广东、浙江、福建，这些地方没有油田、没有石油、没有森林，但民营经济发展比较好，有着铺天盖地的中小企业。

当然，在国家经济发展进入新常态时，中小企业依然面临着一系列不可忽视的挑战。第一，市场需求不旺；第二，生产要素成本上升；第三，融资难、融资贵；第四，税费负担重；第五，用工难、审批难等等。特别是从2015年下半年以来，中国民间投资即中小企业投资出现了断崖式的下降。改革开放以来，民间投资像飞机起飞一样，年增长率最高一度达到34%，但是2012年以后出现下滑，到2016年下半年下滑更厉害，2016年民间投资增长率只有3.2%，2017年上半年为6.9%，开始有所回升。主要表现为中小企业的投资方向不明，投资意愿不强，投资动力不足。很多企业反映生产越来越艰难，竞争越来越激烈，市场空间越来越狭窄，特别是利润越来越单薄。

党中央、国务院对中小企业发展中存在的困难高度重视。近年来，国家出台税收优惠、减税降费、完善融资等多项政策支持中小企业发展。2016年两会期间，习近平提到：今天的民营企业面临三座大山，市场的冰山、融资的高山、转型的火山，说明国家对中小企业的困难了解得很清楚，也很关心、很重视。

通过对全国27个省份的5000家中小企业的问卷调查，发现企业利润在10%～15%的中小企业只有1/3，说明企业现在困难很多、利润空间很小。综合来看，中小企业存在“三心”“二意”的现实情况。“三心”，第一是指对发展缺乏信心，未来发展方向不明，没有信心去更多地投资；第二是指对产权保护不放心，部分中小企业家移居海外，并向海外转移财产，担心合法权益得不到保护；第三是指搞实体经济不专心，不是专心从事生产的经济。这“三心”基本反映出当前中小企业家“二意”的心态，第一个是创新的意愿不强，第二个是转型的意愿不强。

党的十九大做出了一个重要的判断，即中国经济已经由高速增长阶段转向高质量发展阶段，正处在转变发展方式、优化经济结构、转换增长动力的攻关期。现在强调经济发展，强调的主要是质量而不是速度，要从过去依靠物质资源消耗实现粗放式的高速增长，转变为主要依靠技术进步、管理改善和劳动者素质提高实现的高质量增长。企业家更需要深刻认识到经济已经进入了一个新常态，整个社会已经进入了一个新时代，也就是中国特色社会主义新时代。

经过近 40 年的高速发展，中小企业原来的低成本优势在递减，中国产业链低端的竞争也越来越激烈，产能过剩问题日益突出，依靠技术创新实现提质增效成为制造业发展的必由之路。中央一再强调要深入实施创新驱动发展战略，发挥科技创新的引领作用。那么中小企业如何加强创新寻求突破？

第一，中小企业要加大研发投入，实现创新驱动。据统计，目前中国中小企业的研发投入不足，研发投入仅占销售额的 2% 左右。要引导支持有实力的企业加强研发机构建设，开展行业共性关键技术的攻关，特别是要鼓励有条件的企业参与建设企业产品设计创新中心，提高产品设计能力，尤其是要针对消费梯次的特点不断开发新产品。特别要支持重点中小企业利用互联网技术，建立大数据平台，动态分析市场变化，精准定位消费需求，为开展服务创新和商业模式创新提供支撑。

第二，要大力支持传统产业不断向价值链高端提升。我国的中小企业基本上处于产业链低端，属于劳动密集型、资源依赖型、能源消耗型三种类型的企业。前些年，大部分中小企业凭借人口红利、廉价土地、廉价能源材料和牺牲环境而发展壮大。近年来，人工成本提高了将近 5 倍，“五险一金”更是占到了职工工资成本的 50%；各类生产要素成本不断上涨，物流成本是发达国家 2 倍；融资成本也比国外高很多。这些问题都在一定程度上影响了中小企业的发展。同时，现在提倡绿色发展，因为中国的环境承载力已经达到或者接近上限。所以，制造业低成本的优势已经失去，在这种情况下大部分传统中小企业要想持续发展，就必须要结合自身行业发展和企业实际走转型发展之路；要通过大力开展技术改造、技术创新，特别是对一些关键技术、关键设备进行改造，向产业链高端提升，不断提高产品品质和企业竞争力。

第三，要积极推进工业化与信息化的融合，提升智能制造的水平。中小企业要实现转型升级和创新发展，必须推动互联网、大数据、人工智能和实体经济的深度融合，在中高端消费、创新引领、绿色低碳、共享经济、现代供应链及人力资本服务等领域形成新的增长点、新的动能。近年来，党中央、国务院一再提出要实施“互联网+”和“+互联网”的行动，强调要发挥“互联网+”在推动创业创新、协同制造、现代农业、智慧能源、普惠金融、电子商务等方面的应用。所以，中小企业一定要把互联网，特别是移动互联网的创新成果，与企业发展深度融合，在技术进步、效率提升和组织变革方面形成新的商业形态。

第四，注重品牌建设，提升产品品质。品牌是中小企业创新的载体，更是中小企业竞争力的综合体现。在调研当中，我们将品牌看作是企业的“令牌”，中小企业在市场上长盛不衰的关键，是要生产出一批具有自主产权和核心技术的产品，培育知名品牌，不断提升品牌价值，打造百年民企、百年老店。近年来，影响中国品牌质量的是什么呢？就是资金。民间资本“脱实向虚”，以钱生钱，没有在实体经济中进行有效循环，让很多做实体经济的人感觉做实体经济辛辛苦苦，不如去资本市场讲故事；搞实体经济累死累活一辈子，不如在北京、上海买两套房。于是就形成了大量资本去炒房地产、炒矿山、炒大蒜，因为投机性的炒作见效更快，导致实体企业无心在品牌上深耕细作。当然，打造品牌是一个很艰辛的过程，对于中小企业来说，除了诚信、质量、管理、创新之外，可能也意味着一种风险，所以说打造品牌需要耐得住寂寞、经得起诱惑，只有苦练内功、专心致志才能创出品牌。

第五，与大企业联动发展。企业创新包括管理创新、科技创新、模式创新、产品创新等很多方面，同样也会受到多方面的制约。因此，中小企业的创新一方面需要政府的大力支持，比如政府搭建公共服务平台、提供共享技术平台；另一方面也要推动以市场为主导，大企业带动中小企业创新的方式，让中小企业借大企业动实现联动发展。

中小企业实现创新发展，最关键的是人才。企业竞争归根结底是人才的竞争，中小企业招不到人才怎么办？政府要规划中小企业创新人才培育，使中小企业能够平等地享受政府人才引进、培养、激励和保障等方面的政策，尤其是要打破人才在体制、身份和学历上的障碍。另外，中国有大量的高校、科研院所，由于体制机制的原因，很多成果被束之高阁，没有转化为生产力，为此政府要积极搭建平台，引导高校和中小企业合作，让成果能够转化为商品，弥补中小企业在人才、技术创新方面的不足。

落实中小企业促进法，支持中小企业创新发展

廉　莉

工信部中小企业局创新创业服务处处长

党的十九大提出要加强对中小企业创新的支持，这在党的报告中尚属首次，对中小企业来说，是重要内容，更是突出亮点。众所周知，中小企业作为市场中最具创新活力的群体，是推动创业创新的重要力量。从量上来看，工商登记显示，到2017年6月底，全国实有企业2791万户，其中中小微企业占到99.7%。从质上来看，中小企业的主要经济指标呈现稳中向好态势，2017年前7个月中小工业企业的营业收入同比增长7.2%，利润总额同比增长13.9%，应交税费同比增长11.1%。到2017年6月末，全国银行业金融机构小微企业贷款余额达到28.6万亿元，其中小微企业贷款同比增长近15%。

近年来，党中央、国务院高度重视促进中小企业发展，国务院各相关部委也围绕税收、融资、创业、创新、完善公共服务等方面，提出了一系列新政策和新举措，初步形成了由一部法律、一个协调机制、一个标准和一系列重要文件组成的促进中小企业创业创新的政策法律体系。“一部法律”是指2003年颁布实施的，2017年9月1日新修订的并将于2018年1月1日起实施的《中小企业促进法》。支持中小企业创新发展成为本次新修订版本中最突出的亮点。“一个协调机制”是指2009年成立的国务院促进中小企业发展工作领导小组，其中有18个成员单位，包括国家发改委、财政部、科技部等。领导小组的办公室设在工业和信息化部，全面加强对促进中小企业发展工作的组织领导和政策层面

的协调。“一个标准”是指2011年工信部、国家统计局、国家发改委和财政部四部门，联合印发的《中小企业划型标准规定》。这个规定为研究和实施对中小企业的政策，尤其是加强分类指导提供了重要依据。

2015年以来，国务院相继出台了8项具体措施。一是国务院印发了《国务院关于扩大力推进大众创业万众创新若干政策措施的意见》，在全社会营造“双创”的氛围。二是国务院印发了《中国制造2025》，明确提出加强中小微企业综合服务体系建设，完善中小微企业公共服务平台网络，建立信息互联互通机制，为中小微企业提供创业、创新、融资、咨询、人才培训等专业化服务。三是国务院出台了《国务院关于积极推进“互联网+”行动的指导意见》，提出要充分利用互联网基础条件，完善小微企业公共服务平台网络，集聚创业创新资源，为小微企业提供找得着、用得起、有保障的服务。四是国务院下发了《国务院关于加快构建大众创业万众创新支撑平台的指导意见》，明确提出要大力推进小微企业公共服务平台和创业基地建设。五是国务院办公厅印发了《国务院办公厅关于建设大众创业万众创新示范基地的实施意见》。双创示范基地已经建设了两批，支持了120家民营企业、研究机构和高校。明确提出要建设一批双创示范基地、扶持一批双创支撑平台、突破一批阻碍双创发展的政策障碍、形成一批可复制可推广的双创模式和典型经验。六是国办专门印发了《国务院办公厅关于创新管理优化服务培育壮大经济发展新动能加快新旧动能接续转换的意见》，再次强调要建设好双创示范基地，汇聚各方力量合作搭建全要素、全创新链资源集聚的双创服务平台。七是国务院下发了《国务院关于做好当前和今后一段时期就业创业工作的意见》，要着力推进小微企业创新发展，推动小微企业创业创新示范基地建设，搭建公共服务示范平台。八是国务院专门出台了《国务院关于强化实施创新驱动发展战略进一步推进大众创业万众创新深入发展的意见》，进一步明确了要进一步系统性优化创业创新生态环境，强化政策供给，突破发展瓶颈，充分释放全社会创业创新潜能，在更大范围、更高层次、更深程度上推进大众创业、万众创新。

一系列政策文件和措施的出台，进一步优化了中小企业创新发展的环境，推动了中小企业在吸纳就业、稳增长、调结构、惠民生等方面发挥重要作用。在经济发展新常态下，深入推进供给侧结构性改革、实现新旧动能的转换，中小企业创业创新是必然的选择。为贯彻落实《中小企业促进法》促进中小企业创业创新发展的要求，结合工信部中小企业局的工作，接下来主要有以下几点任务。

第一，做好《中小企业促进法》的宣贯和落实。工信部专门下发了组织各地中小企业管理部门开展法律宣贯的通知，主要是会同各地中小企业主管部门、各行业协会，充分履行法律赋予的职责，有效利用法律明确的资源和工作手段，完善中小企业的服务体系，支持中小企业创业创新，为中小企业的创业创新提供各类服务。

第二，营造培育市场主体的环境。随着国家大力推进简政放权、“放管服”及商事制度的改革，“双创”的成本及门槛都在进一步降低，也进一步激发了各类市场主体的热情，尤其是中小企业创业创新的内生动力和活力进一步得到释放。具体而言，工信部将推动三类载体建设：一是培育和建设小微企业创业创新基地，完善创业创新的生态，提高创业创新的成功率；二是培育中小企业产业集群，推动专业化分工协作，有效配置生产资源，为创业创新企业提供成长和发展的空间；三是培育中小企业的中外合作区，目前在全国已经培育了 9 家中德、中欧合作区，集聚了国内外创新概念和创业资源，率先在合作内落地和实现了产业化发展。

第三，创新服务模式，转变服务方式。当前，新一轮科技革命和产业变革催生了大量的新产品、新业态、新市场和新模式，服务的需求侧和供给侧都与以往显著不同。工信部将继续实施“互联网 + 小微企业”的专项行动，提升中小企业信息化技术的应用能力，进一步推动互联网、大数据在中小企业服务中的应用，推动线上线下的结合，不断满足中小企业精准、便捷的服务需求。同时，工信部也将进一步发挥中小企业公共服务平台的网络作用，集聚优质资源，推动开放共享，为中小企业创业创新提供找得着、用得起、有保障的服务。2018 年，将工信部继续举办“创客中国”创业创新大赛，不断营造“双创”的环境，激发中小企业的创新活力。

第四，促进大中小企业的融通发展。当前，数字经济、共享经济、协作经济正在重塑传统实体经济的形态。中小企业的发展为大企业注入了活力，大企业同时也带动了中小企业的创新发展。工信部将创造条件，支持大型互联网企业、基础典型企业以及信息服务商，搭建免费的中小企业双创平台，集聚和开放创新资源，建立和形成大企业与中小企业的共享机制。同时，还将继续实施“专精特新”中小企业培育工程，引导中小企业参与产业链的上下游配套以及协同创新，做精做强核心业务，形成一批支撑产业发展的“隐形冠军”和“小巨人”，促进与大企业的融通发展。

随着各项政策的不断推进与落实，相信中小企业创业创新的生态环境和营商环境将日益完善。

中国智能制造与工业机器人发展浅谈

孙　进
天津爱码信自动化技术有限公司

一、行业概况

近年来，我国迎来了以汽车产业为代表的机械制造业的飞速发展。伴随着市场需求的不断增长，各企业规模也在逐步扩大，对提高生产效率与精细化生产的要求与日俱增。在这种情况下，工业机器人因其不仅可完成危险环境下的操作，还可减轻人体劳作而备受欢迎，尤其是伴随着制造业人力资本的上升及品质要求的提高，工业机器人正在逐步取代人力，成为生产中重要的自动化设备。

2015 年，国务院提出《中国制造 2025》规划，此后国家陆续出台了一系列支持工业机器人发展的产业政策，同时，工业制造业朝着集约化、智能化方向的升级，均大力支撑着我国工业机器人产业规模持续扩大。在珠三角地区，使用工业机器人的年均增速已达到 30%，家庭用机器人将率先形成数百亿美元的全球市场。

与工业机器人发展受制于核心零部件的技术与市场壁垒不同的是，我国在人工智能技术方面与全球基本处于同一起跑线，发展服务类智能机器人既是跨越发展、错位竞争的重要途径，也是实现产业从“追随”到“赶超”的关键突破口。

二、市场容量

2016 年全年，我国工业机器人产量达到 72426 套，同比增长 34.3%；销售 8.98 万台，同比增长 31.09%。全国已建成和在建的机器人产业园区超过了 40 个，机器人企业的数量超过了 800 家。但实际情况是，这 800 多家企业里面，将近一半企业是没有产品的空壳子，剩下的一半企业里有 70% ~80% 是在代理别人的产品，真正能自己生产零部件或机器人产品的企业仅有 100 家左右。

2017 年 1—7 月，中国工业机器人产量 71631 套，同比增长 57%，国产机器人的产量仍然处于快速上涨通道。中国的制造业正面临着向高端转变的挑战，工业机器人的发展成为其中非常关键的一个环节。在政策等多方面的推动下，预计 2017 年我国工业机器人产量将破 8 万台大关，市场规模将达到 19 亿美元。到 2017 年末，中国机器人保有量将超过 40 万台。未来将有越来越多的中国机器人供应商进入市场，外资和中国本土机器人供应商之间的竞争将会越来越激烈，中国市场各种机器人的增长潜力巨大。

随着我国工业转型升级、劳动力成本不断攀升及机器人生产成本的逐渐下降，“十三五”期间，机器人产业是重点发展对象之一，国内机器人产业正面临加速增长拐点。服务机器人和商用机器人在国内市场还处于探索期，相比之下，工业机器人有了一定的发展基础，目前正进入全面普及的阶段。预计到 2021 年末，我国工业机器人产量将达到 11.15 万台；销售量以及保有量将达到 23.04 万台和 136.04 万台，市场规模将达到 40 亿美元，工业机器人在中国的发现潜力相当可观。

三、行业布局

目前我国从事机器人研发设计、生产制造、工程应用以及零部件配套的企业已达数百家，全国各地纷纷布局机器人产业，河南洛阳、郑州，山西太原、晋城，江苏常州、南京、张家港、昆山、徐州，辽宁沈阳、沈抚新城，重庆，天津，上海，湖北武汉、襄阳，安徽芜湖，河北唐山，山东青岛、潍坊，黑龙江哈尔滨，湖南郴州、长沙、浏阳，广东广州、深圳、东莞、佛山、中山、惠州，广西柳州，浙江杭州、丽水，四川成都，江西九江，陕西西安等36个城市将机器人产业作为当地重点发展对象。未来几年，中国机器人的年产值将接近6000亿元，而机器人产业集群的年产值将达到3万亿元。以上海为例，上海机器人产业园获批，计划实现以机器人为主的智能装备制造产业链集群。随着国内工业机器人市场需求潜力的不断扩大，瑞士ABB、日本发那科（Fanuc）、德国库卡（Kuka）等全球著名的机器人制造企业也加速了在中国的布局与市场拓展。

四、发展前景

在发达国家中，工业机器人成套设备已成为自动化装备的主流。国外汽车、电子电器、工程机械等行业已经大量应用工业机器人自动化生产线，以保证产品质量、提高生产效率。随着世界工业机器人技术的进步，机器人能力不断增强，越来越多的手工作业将被性价比更高的自动化作业所代替，一些低利润、低附加值的劳动密集型产业将逐渐被淘汰。

中国正处于工业化转型过程中，目前生产企业普遍需要技术和设备升级改造，大力发展我国的工业机器人是大势所趋。“十三五”期间，机器人产业将迎来黄金发展期。我国《机器人产业发展规划（2016—2020年）》已完成，这一产业发展规划和《中国制造2025》重点领域技术路线图一起，构成未来十年我国机器人产业的发展蓝图。根据路线图，到2020年，我国工业机器人年产量将达到10万台，六轴及以上机器人达到5万台以上，重点行业实现规模化应用，机器人密度（每万名产业工人拥有工业机器人台数）达到150台以上，销量达到15万台，保有量达到80万台，较“十二五”末新增40万台；到2025年，工业机器人年销量将达26万台，保有量达180万台，较“十二五”末增加140万台。

伴随着构建以智能制造为根本特征的新型制造体系，在未来较长一段时间内，我国对工业机器人的需求都将大幅增长。随着数据采集、云计算功能等软件技术的发展，以天津爱码信、深圳控石为代表的新型智能制造企业，将工业机器人集成的生产系统，与智能物流系统、AGV、协作机器人等一起，构成了工厂智能硬件系统，结合ERP、MES等软件系统，满足了客户对智慧工厂的需求，日益成为智能制造行业新的技术亮点。高度智能的无人工厂将逐渐成为中国劳动密集型、批量生产型企业的发展方向。

五、面临挑战

伴随我国工业机器人需求的迅猛增长，实力参差不齐的企业纷纷进入工业机器人生产市场，势必造成质低价廉的恶性竞争。虽然我国有近百家从事工业机器人研究生产的高校院所和企业，但现行的体制造成研究形式上过于独立封闭、内容上较为分散，难以形成合力，造成重复研究与实践和经费浪费。多数企业热衷于大而全，一些关键部件研发生产的企业纷纷转向整机生产，难以形成研发、生产、制造、销售、集成、服务等有序、细化的产业链。

目前我国机器人生产领域的规模企业并不多，小规模、作坊式生产，品牌影响力差，市场竞争力不强，用户认可度不高成为民族工业机器人企业发展所面临的瓶颈。我国机器人市场仍处于发展阶段，国内品牌弱小，国际品牌占80%以上的市场份额，关键零部件仍主要依赖于进口，核心技术仍有待提升，产业管理体系有待建设，距离实现机器人的产业化还有一段距离，机器人产业本身的竞争力和话语权仍有待提升。

六、建言建议

我国现在围绕机器人产业的各类企业约有3000余家，但规模以上的企业不到10%；看起来是百花齐放、百家争鸣，实则大多是集中在低端领域里恶性竞争。与机器人大量应用形成鲜明对比的是机器人技能人员的严重缺失，预计到2025年，我国工业机器人相关技术岗位缺口将高达30万人左右。对高校、科研院所等各类机器人课题要适当进行统筹调控与分层，机器人核心零部件、控制系统等的研发与机器人应用技术的推行是两个层面的概念，要加以区分；鼓励高等职业院校与企业相结合，培养机器人应用人才，未雨绸缪。

鼓励中小机器人企业向小而精的方向发展，各项政策措施要以企业的成长，而不是以企业的规模作为主要参考标准，着重于助力中小企业实现在行业内技术水平的相对领先，实现与国际先进水平的接轨。

在中小微企业，尤其中小微科技型企业的发展中，资本资源始终是绕不开的重要话题，乃至是决定企业发展的核心课题。建议国家进一步放宽中小微科技型企业的资本市场准入，把唯利润增长的标准，灵活拆分成销售收入增长对比成本增长的相对量。一些中小科技型企业在发展过程中，因为要建设与完善团队，要研发与开发，在某个特定阶段可能会导致成本的快速增长，当销售收入尚未追赶上成本增长时，如果单以利润指标衡量一个企业的优劣，无法精确判断一个企业的成长趋势。因而，资本市场的政策制定者们要多花精力研究制定适用中小微科技企业的政策措施，用市场与资本的手段将乱象丛生的机器人行业企业“洗牌”，从而有序推进中国机器人产业更保质保量的健康的发展。

华为5000亿元销售额背后的组织赋能

祁生胜

华为大学HR高级专家

2016年，华为总销售额达到了5216亿元。在2016年达沃斯论坛上，华为总裁任正非在接受中外记者采访时，被问道华为为什么会有这么好的业绩，任正非的答案就是两个字“管理”。他说，华为83%的利润来自于管理，而不是其他。

如何在赋能方面创新？华为的管理创新里面到底有什么样的内容？既然管理这么重要，给企业带来这么多的净利润，那么管理的具体动作有哪些？

华为共计拥有54000多项专利，是全球拥有专利技术最多的企业之一。技术创新固然是重要的，但不是最重要的。如果没有制度创新，技术创新就无从依附，技术创新就根本没有土壤。1998年，华为出台了一个“基本法”。

第一条关于共享。华为内部所有的股权由员工共享，任正非只持有1.38%的股权。通过人人股份制，让华为全体员工成为命运共同体，而不只是利益共同体。

第二条关于研发投入。华为在“基本法”里规定每年在研发方面的投入不能低于销售额的10%。近几年华为在研发方面的投入比例都大于13%，比如上一年的销售额是5000多亿元，那么今年至少要有600亿元作为研发投入，这个数据相当于国内在“新三板”挂牌的前400家企业所有研发投入的总和。

第三条关于制度创新。人力资本增值大于财务资本增值，企业发展速度不能快于人才成长速度。华为在人才管理方面有三个内容，分别是价值创造、价值评价、价值分配。以价值创造为例，很多人会说企业管理是为了规范，而华为的思路是为了一次性把事情做正确，为了真正意义上给企业降低成本，避免企业整个运作过程中的错误决策和错误工作流程增加企业成本。所以华为管理的主要目的，不是为了管理人事，不是为了规范，不是为了控制，而是为了让流程更畅通、效率更高，从而产生更多的利润。让员工一次性把事情做正确的前提条件不是培训技能，而是解决思想问题。

第一个是文化问题。企业文化的核心叫企业核心价值观。核心价值观是企业的护城河、高压线，是不能触碰的。比如华为讲诚信，不光是对员工要讲诚信，更多的是要对客户讲诚信、对国家讲诚信。华为从不偷税漏税，给员工的承诺100%兑现。那么诚信就贯穿在企业的整个文化中，就是诚实。

第二个是行为问题。有些企业只是教方法，不要求行为。企业业绩是通过行为产生的，而不光是会、光是懂。学校里的学生只要能将知识点背下来就可以成为一个好学生，但是企业的要求是会做到，不仅要会还要能做到，而且要做得相当熟练。

第三个是知识技能问题。赋能是要打造培训培养体系，在各个领域进行梯队建设，不光是管理者，还有生产领域、研发领域、市场营销领域等等。华为在培育体系建设中付出了很多。目前，华为在全球157个国家共有44个培训中心，服务18万员工，每名员工每年的封闭式培训不得少于40学时，每年必须接受7天的全封闭培训。华为的理念是，没有经过培训的员工不能去见客户，更不能开拓市场。在华为三个层次的培训培养课程体系以外，各级管理者还要起到“传帮带”的作用，因为能力是在实践中，而不是在书本上获得的。所以企业的重点是在工作中真正帮助员工不断成长。

在赋能方面，除了文化层面、行为层面和知识技能层面以外，员工还要借助互联网——华为在线学习平台进行学习。在线学习平台只在下午6点下班以后开放，让广大员工知道学习知识需要用自己的业余时间而不是工作时间。很多企业在员工培训方面投入了很多，但是方法不对，员工就不一定珍惜；企业免费给员工提供培训，而干部却没有时间来参加培训。而华为员工的其他培训是收费的，是有标准的，不是有时间没时间的问题。华为对管理者的要求是相当严格的，管理层要是不学习、不接受培训肯定会被通报批评，而且会被降职降薪。

除了诚信以外，任正非也特别强调要培养一批能听得进批评的高管。高层团队一定要能听得进批评，这也是华为成功的重要因素之一。党的批评与自我批评的作风在华为传承得非常好。只有听得进批评的人，才能容得下别人。只有各级管理者敢于自我批评，才能与时俱进。

案例篇

江阴中小企业健康良性发展的经验与探索

陈兴华
江阴市委常委
高新区管委会副主任

古人以山之北、水之南为阴，江阴以大江之阴而得名，面积988平方公里，户籍人口124万，地处长三角、沪宁杭城市群几何中心，距离上海、南京各150公里，是长江下游新兴滨江港口城市和交通枢纽城市，素有江海门户、锁航要塞之称。期待大家更多地了解江阴、关心江阴、常来江阴。

一、三大基因根植江阴，实体经济县域领先

江阴不仅以全国文明城市、国家卫生城市、国家生态市等百余项荣誉闻名全国，更以实体经济见长，县域经济与基本竞争力已经连续14年位居全国第一。江阴之所以能够县域领先，主要源自江阴拥有的三大基因。

一是鲜明独特的人文基因。江阴是一座历史悠久的江南古城，有着7000年人类生息史、5000年文明史、3800年筑城史和2500年文字记载历史，是良渚文化和吴文化的重要发源地。无论是百折不挠、毅行天下的千古奇人徐霞客，还是把一个贫困村建设成为“天下第一村”的时代楷模华西村吴仁宝，还是从江阴走出的近百名大学校长、近20名院士和40多位共和国将军，在他们身上，都深深镌刻着“人心齐、民性刚、敢攀登、创一流”的江阴精神，这也是江阴实体经济做大做强的精神支柱，也是江阴这座城市未来发展的领先之魂。

二是活力绽放的工商基因。江阴是近代民族工业和现代乡镇企业的发祥地之一，秉承着厚重、诚朴、崇实、敢为的工商基因，以占全国万分之一的土地、千分之一的人口，创造出占全国 GDP 近 1/240 的地区生产总值。2016 年，江阴地区生产总值达到 3083 亿元，人均 GDP 达到 3. 5 万元，其中江阴高新区的人均 GDP 达到 7 万元。目前，全市有各类市场主体超 14 万家，平均每 9 个人中就有一个老板；9 家企业入围中国企业 500 强，16 家企业入围中国制造业企业 500 强，占江苏省全部中国 500 强制造业企业的 1/3，被《人民日报》等权威媒体誉为“中国制造业第一县”；有境内外上市公司 47 家，“新三板”挂牌企业 50 余家，“江阴板块”已成为中国资本市场一道靓丽的风景。

三是敢为人先的创新基因。江阴人自古就有“拼死吃河豚”的豪气，正是这种敢闯敢试、敢为人先的独特气质，造就了江阴人勇立潮头、永不服输的干劲和闯劲。近年来，江阴的新技术、新产品、新产业如雨后春笋般不断涌现，全市现有国家高新技术企业 318 家，诺奖得主研究院 5 家，101 家企业成为 339 项目国际、国家和行业标准的第一起草人，法尔胜、双良集团 2 家企业荣获中国工业大奖，100 多家企业成为各类行业细分领域的单打冠军。同时，还涌现出全球最大的特钢生产基地中信泰富特钢集团，全球最大的桥梁缆索生产基地法尔胜，全球最大的钢帘线生产企业贝卡尔特，中国境内第一、全球第三的半导体封测企业长电科技，全国服装行业上市公司市值最高的海澜之家等众多的中国第一、世界第一、行业第一。

二、三大平台服务发展，深化合作共创未来

党的十九大报告明确指出，要建设现代化经济体系，把发展经济的着力点放在实体经济上。江阴以学习贯彻落实党的十九大精神为强大动力，坚定不移做大做强实体经济，坚定不移做优做特三大平台，全力服务项目招引，服务企业发展。

一是江阴国家高新区的产业承载平台。作为江阴创新创业的主阵地、转型升级的主战场，江阴高新区继2011年升格为国家高新区之后，2015年被正式列入苏南国家自主创新示范区，2017年成为苏南国家自主创新示范区核心区之一；并形成了以中信泰富特钢为代表的特钢及金属制品，以长电科技、中芯长电为代表的微电子集成电路，以中南重工为代表的机械智能制造，以中国中医药天江药业为代表的现代生物医药等四大产业集群。下一步，我们将积极对接央企、国企以及具有潜在爆发力的创新型企业的优质项目，围绕主导产业进一步扩链、补链、强链，促进高新产业集聚集群，将江阴高新区打造成为高新产业的集聚区、“一带一路”的承载区和央地对接的示范区。

二是“产业+资本”的融合发展平台。我们积极践行“科学家+企业家+金融家=大赢家”的发展模式，出台了“产业强市30条”，遴选“新三板”后备企业100家，与业内排名前三的毅达资本等多个创业投资机构合作，组建了“四个100亿”产业强市基金和多个产业发展基金，让产业插上金融的翅膀，让金融搭上产业的快车，让企业与资本实现互利互惠、合作共赢。

三是便捷高效的政府服务平台。作为江苏省唯一的集成改革试点城市，我们将全面推行一窗受理、一站服务、一章审批的审批制度改革，加快实现网上办、集中批、联合审、区域评、代办制、不见面，全力建设全国同类城市服务效率最高、发展环境最优、创新活力最强的改革发展示范区，为各类人才的创新创业、各类项目的开工建设、各类企业的发展壮大提供全天候、不打折、无条件的“店小二服务”，使江阴真正成为企业和人才纷至沓来、干事创业、书写辉煌的创新创业热土。

中国中小商业企业协会的江苏企业转型升级服务平台就设在江阴高新区，成立以来为江阴的广大中小企业提供了精准高效的优质服务，获得了一致赞扬。衷心期待双方进一步拓宽合作范围、加深合作程度，结出更加丰硕的成果，助力江阴创造出更多更美的实业风景。

产资研助力科技成果转化“最后一公里”

闫鹏勋

甘肃省科学院副院长

我们试图通过金融和科技的结合，走出一条中国高科技发展、科技创新驱动、让科技转化现实生产力的新路。近年来，中国经济形势不容乐观，经济下行压力很大，中国要实现长期的可持续发展，必须要科技创新。但是科技创新这个话题，谈了几十年，效果并不显著。

原因在于在具体操作层面还存在许多问题。大学、科研院所的成果大多数以论文、专利等软性形式来体现，而企业家们更需要成熟并直接能够上市的科技成果。科技成果转化这一重要过渡阶段怎么样才能做好？这正是科技成果转化为生产力的“最后一公里”的核心问题。通过探讨，我们设想出一种新模式——产资研合作，即产业、资本和研究相结合，通过企业家和科学家的共同努力，寻找有市场需求的项目、可以转化已经成熟的项目，同时做好短期、中期和长期能够见效的项目，形成有机的整体，对科技创新起到更加直观的推动作用。很多人都在说国家的长足发展需要高科技，企业的发展需要科技创新的驱动，但是在实现科技成果转化为生产力的“最后一公里”上，还会遇到很多的困难。改革开放至今，中国经济发展靠的是廉价劳动力和原材料等基本要素，而在当前全球经济一体化、中国国际角色的定位越来越高的情况下，中国的高速发展遇到了瓶颈。因此，中央提出在新常态下，必须要靠科技创新。

作为科研工作者，我也有自己的感受。18 年来，我对金属纳米的研究进行深入开展。从技术研究到产业开发，从第一代工业设备到现在已经成熟的第七代工业设备，在全世界实现了第一个金属纳米工业化的技术，超越了欧美和俄罗斯，我国的产量可以是他们的十几倍，相当于把冬虫夏草变成了大白菜。这样的技术对中国未来经济发展很重要。未来10年左右，这项技术在全球的市场规模有可能将达到几千亿美元。目前，该项目在兰州已经启动了生产线的建设，大概2018年元旦后将有6条生产线正式启动，每条生产线年产值在1000万~2000万元。在项目应用上，在军用、航天等军工领域将会有具体的应用合作。通过这个案例，我们凝练出了产资研合作模式。17年的基础研发，技术的资金来源基本都是民营企业家朋友们。从项目的立项、研发到生产，不仅有国家的经费投入，民间资本的进入使项目发更有针对性、更有效率，不仅为国家发展做出了巨大贡献，也使得民营企业在高新技术的项目上获得了更广阔的发展空间。

下沉重心助力普惠金融 创新举措深耕小微市场

——齐商银行“供应链金融＋产业链金融＋科技金融”助力普惠金融发展

邹 倩
齐商银行行长助理
小企业金融服务中心总经理

供应链金融、产业链金融和科技金融的发展，为整个金融市场带来了生机与活力，也为普惠金融的发展带来了一个新的方向。许多现阶段难以克服的问题（如单户单笔成本高、服务效率低等）都可以得到有效的解决。运用大数据、云计算等技术对数据进行挖掘分析，能为用户建立基于互联网信息的征信报告，构建基于知识图谱的风险控制体系，实现风险控制能力的提升，使被传统普惠金融忽略的业务由“不可能”变成“可能”。

银监会主席郭树清在党的十九大中央金融系统代表团开放日讲话上讲到：“努力支持银行业向实体经济倾斜，重点支持普惠金融、小微企业融资、三农融资、脱贫攻坚方面的融资”。商业银行开展普惠金融工作，不但有助于经济健康发展，也有助于增加就业、改善创新创业环境。

一、普惠金融工作的定义和数字普惠金融

（一）普惠金融的定义和数字普惠金融

国务院《推进普惠金融发展规划（2016—2020 年）》对“普惠金

融”做出了官方定义：“普惠金融是指立足机会平等要求和商业可持续原则，以可负担的成本为有金融服务需求的社会各阶层和群体提供适当、有效的金融服务。[①] 小微企业、农民、城镇低收入人群、贫困人群和残疾人、老年人等特殊群体是当前我国普惠金融重点服务对象。”

（二）普惠金融工作中的难点

但普惠金融的发展仍存在着许多问题。据统计，截至2016年年末，中央银行的征信系统记录的自然人有大约8.8亿人，但有信贷记录的只有不到3.8亿人，这说明央行的征信系统中有一半以上的人没有从金融机构获得信贷服务，也反映了现阶段我国金融服务的供给严重不足。此外，小微企业主和低收入人群由于无信用记录、无资产保障等，此类人群中有将近70%无法从金融机构中得到金融服务。做好普惠金融工作的核心是做好小微金融服务工作。目前，虽然我国各类金融机构数量众多，但在基层金融服务总量上仍处于供给不足的状态，特别是为中国经济做出巨大贡献的小微企业很难得到正规金融机构的资金支持。据统计，截至2017年6月末，虽然小微企业在金融机构的贷款余额达到28.62万亿元，但是只占到全部贷款余额的24.02%，与小微企业对中国经济的巨大贡献不成比例。特别是近年来，国家用货币政策进行经济结构调整，国内货币供应量增长较快，但是大量货币并未流入小微企业、三农产业等实体经济，而是进入房地产、纯金融资产等易引发经济泡沫的领域，经济“脱实向虚”是普惠金融工作需要解决的问题。

（三）小微企业的重要性及融资面临的困难

中小企业是实施“大众创业、万众创新”的重要载体，在促进就业、经济增长、科技创新和社会和谐等方面具有不可替代的作用，在国民经济和社会发展中具有重要的战略地位。[②] 但是许多中小微企业与收

① 尹应凯．数字普惠金融的发展逻辑、国际经验与中国贡献[J]．学术探索，2017(3)．

② 陈昌智．在“2015第十届中国中小企业家年会”开幕式上的讲话[M]．分析与展望：中国中小微企业生存发展报告(2015—2016)．北京：中国经济出版社，2016．

入水平较低的人群的金融需求无法得到满足。主要有以下几点原因。(1) 承担风险高。小微企业等弱势群体的典型特征就是业务需求量多且信用状况较差，大部分的金融机构都偏向减少对小微企业、农村用户等地位较低、资本实力较弱的客户人群的贷款，且不会花太多精力和成本去针对这些资金实力弱的客户来设计更加全面多样的金融服务。(2) 获利空间狭小。金融机构选择客户群体时，首先会考虑盈利程度，因此相比资金充裕的大企业，收入微薄，甚至并不稳定的中小微企业就失去了吸引力。(3) 服务成本高。金融机构本身的日常运营与维护是需要一定的成本的，以传统的商业银行为例，如果它想要为更多处于弱势地位的人群服务，其势必要将业务扩建到那些人群可以接触到这些业务的地方，而这将会伴随着较多的高成本投入建设。因此，大部分的金融机构不愿意为这类人群提供金融服务。

然而，小微企业毕竟势单力薄，属于弱势群体，在发展中面临着融资难、招工难等诸多现实困难和问题，需要全社会给予一如既往的扶持和帮助。[①] 总结起来，小微企业融资面临的主要困难有以下几个方面：(1) 小微企业普遍缺乏可用于贷款的抵押资产；(2) 小微企业财务制度不健全的现象较为普遍，信息透明度不高，银行授信风险较高；(3) 小微企业融资需求短、小、频、急，金融机构难以充分满足其需求；(4) 农村金融发展相对不足。

二、齐商银行“供应链金融 + 产业链金融 + 科技金融”

齐商银行是山东省一家成立于 1997 年的地方法人金融机构，作为一家资产过千亿元的“中小企业主办行”和“市民银行”，始终将小微金融发展作为立身之本，小微金融工作得到国务院副总理马凯、时任山东省省长郭树清等领导批示，先后荣获“全国小微企业金融服务先进

① 任兴磊，谢军占，沈亚桂．分析与展望：中国中小微企业生存发展报告（2014—2015）[M]．北京：中国经济出版社，2015.

单位”“全国金融青年五四奖章集体”等荣誉，“互联网＋小微信贷技术”被评为“全国企业管理现代化创新成果二等奖”。截至2017年9月末，该行小微贷款余额357.44亿元，占全部贷款余额的66.61%，小微户数9387户，较2016年同期增加639户，小微申贷获得率高达99.86%。

随着供应链思想逐渐被接受以及供应链研究的日趋完善，供应链的工具和实践也得到很大的提升，供应链中的物流、商流、信息流的效率得到巨大的提升。[①] 在传统供应链金融业务基础上，齐商银行融合产业链金融技术、科技金融，紧跟经济形势发展，积极响应政府发展“互联网＋”的政策号召，借助互联网工具，结合大数据、云计算等先进技术，着手推进供应链金融业务线下、线上的双发展。在线下业务正常运作的基础上布局互联网金融领域，整合核心企业资金流、物流、信息流和业务流，在2015年10月上线了针对核心企业与其上下游小微企业的“齐商银行在线供应链平台”，并于2016年10月完成了平台二期上线，对一期功能进行了优化、提升与完善，同时实现了与电票系统的全面对接，为实现微贷业务的纯线上化操作奠定了基础，开辟了批量化、网络化、高效化服务小微企业的新渠道。借助平台，齐商银行依托核心企业为其供应链上中小微企业量身提供资金支持，结合“应收账款质押”“保兑仓”“厂商银”“网络循环贷”等多款产品，已经形成了与行业龙头企业合作、与电商平台合作、开展动产质押供应链等多种成熟的在线供应链金融服务模式，提高了服务质量与效率，通过批量化业务降低了小微金融成本。截至2017年9月底，齐商银行已经与近40家行业核心企业、专业担保公司等达成了合作意向，利用供应链金融业务累计为近1900家企业提供了超过16亿元的信贷资金支持。

齐商银行通过“供应链金融＋产业链金融＋科技金融”模式，减少了小微企业授信难度，解决了小微企业融资无抵押问题，降低了小微

---

① 宋华. 供应链金融（第一版）[M]. 北京：中国人民大学出版社，2015.

企业融资风险、融资成本，提高了小微企业融资效率和绩效，提升了农村金融服务水平，进一步丰富了商业银行的小微企业金融服务。

近年来，齐商银行依托旗下的互联网金融服务平台——“齐乐融融 e＋”平台，探索出以下几种模式：

（一）基于互联网的质押类科技金融模式

为缓解小微企业，特别是涉农小微企业资产不足以抵押、规模不足以担保的难题，齐商银行研发推出了“基于互联网的质押类科技金融模式”。涉农小微企业唯一可以质押的就是它的存货，但是农产品保存条件苛刻、监管难度大等难题，一直限制着涉农小微企业从商业银行获得贷款。随着互联网、物联网与供应链金融、产业链金融的融合发展，“互联网＋”背景下的供应链金融成为与产业生长升级结合最密切的金融形态，不仅能在小微企业资金融通问题上产生大的作用，同时还能整合资金流、物流、商流、信息流，通过信息透明化降低货押业务风险。齐商银行物联网技术在供应链金融中的应用就是很鲜明的一个实例。

物联网金融帮助银行更加智能地感知世界。物联网金融就是金融机构利用物联网技术，有机地整合网络中人、物的信息流和金融信息流，为用户提供金融服务的新型金融模式。物联网是新一代信息技术的重要组成部分，也是信息化时代的重要发展阶段。物联网技术实现了物与物、物与人、物与网络的链接，方便了人对物、物对物的识别、管理和控制。物联网金融的特点决定了其可以通过感知科技，有效缓解涉农小微企业抵质押品不足、农产品存货质押监管难度大、保存条件苛刻等难题。例如，齐商银行通过物联网技术的运用，不但可以将货押的风险降到最低，而且可以减少库存成本，进一步降低小微企业融资成本。齐商银行通过与国内某知名电子有限公司合作，在“大蒜之乡”——金乡落成的大蒜存货质押业务，将部分货押业务外包，借助物联网等新技术进一步丰富存货融资惠农贷款产品种类，通过在仓库安装温度、湿度、空气质量传感器及物联网配套控制系统，解决农产品质押储存条件苛刻、质押物数量不好掌控等难题，可以 24 小时实时监控质押货物的储存环境（温度、湿度、空气成分）、货物数量、出入库状态等，若出现货物不足值或储存环境变化等情况会自动预警，并在客户经理的手机 APP 上显示提示信息，极大地降低贷后检查成本。举例来讲，传统模式下客户经理为了保证农产品货押的质量和数量，往往需要 1 ~ 3 个月贷后检查一次，一笔业务办理下来至少需要贷后检查 3 次，由于地区偏远，浪费了大量的人力物力。据估算，一笔 100 万元的传统农产品质押业务单笔放款成本平均竟高达 1.5 万元，无形中加大了银行的成本和小微企业的负担。而且此种贷后检查方式并没有收到好的效果，过程常常是走马观花，不能真正起到防范贷后风险的作用。银行引入物联网技术，恰恰解决了贷后成本高、风险不易控制的难题，在防范风险、节约成本的同时，也有力缓解了涉农企业淡季一次性大量囤货资金不足的困境。

（二）基于大数据的预付类供应链金融模式

小微企业融资难，最大的原因在于信息不对称，而大数据时代的来临提供了破解信息不对称的可能性。从大数据分析的角度，相对于其他金融业务来说，在供应链金融业务中更能发挥大数据的威力：一是对于供应链中的上下游小微企业来说，最大的问题就是缺乏传统融资方式所需要的有效抵押物和质押物，同时金融机构也难以利用结构性数据来掌握其信用状况，这就使得大数据在其间大有可为；二是随着供应链管理水平的提升和供应链管理系统的发展，交易过程中存在大量可被利用的交易数据和行为数据，提供了大数据分析处理所需的基础原料，只是之前固于理念和技术等多重因素，守着“矿藏”不知如何利用而已。以下是齐商银行将大数据技术在供应链金融中成功运用的案例。

线上预付账款信贷融资缓解了小微企业季节性资金短缺。齐商银行的潜在授信客户汇源果汁在山东省有 300 多家经销商，分布遍及山东省 17 个地市。如果客户经理逐户考察，至少需要 3 个月的时间，不但花费时间长、考察成本高，而且小微企业与银行信息不对称也会加大违约成本。在传统模式下，银行不得不尝试用高利率覆盖高风险。但是随着大数据在小微金融方面的成功运用，信息不对称程度降到了最低。在深入调研市场的基础上，齐商银行为汇源果汁生产企业产业链条匹配了自主研发的“在线供应链平台”，通过与省级核心生产企业 ERP 系统的直连和数据实时推送和分析，根据经销商的合作年限、订货金额、信用状况等特点，分别匹配不同的授信金额，保证了信息的真实可靠。汇源果汁厂家根据经销商分次提货的额度定量生产，避免了库存积压占用成本；同时，经销商用较少的首付款“撬动”了合同金额，减少了资金垫付成本。银行为供应链条注入资金，也依托生产厂家的信用有效控制了风险，为其下游经销商赢得了更多商机。齐商银行针对汇源果汁生产龙头企业下游经销商开展的该类业务，在不到半个月的时间里共为 22 家经销商提供信贷支持 1175 万元，既缓解了经销商（规模通常不足以担保）季节性资金短缺的困境，顺利帮助其获得了返点等政策优惠，也通过大数据分析降低了信息不对称的风险，节省了授信成本，提高了效率，增加了生产商的销量。

再如齐商银行借助自主研发的“在线供应链平台”，通过对接数据借口，共收到贷款申请 270 余笔，目前已经考察 30 余家，首期线上共为 5 家空调经销商提供资金 450 万元，预期未来服务小微企业的信贷规模将会呈现指数增长，前景十分可观。

（三）基于电子商务的数字普惠金融模式

为应对电子商务和互联网金融蓬勃发展下“金融脱媒”的挑战，齐商银行研发推出了“基于电子商务的数字普惠金融模式”。随着电商进军小微市场，电商供应链金融的发展模式已成为我国供应链金融发展的新趋势。据统计，2012—2015 年，中国电子商务交易规模年平均增长速度达到 33%。电子商务市场的迅速扩张为传统企业的采购、销售模式带来了新的机遇和挑战。越来越多的传统企业通过“互联网 +”

来降低成本、扩大市场规模。

电商介入企业供应链，可以通过互联网技术增进供应链中的信息分享、知识创造和组织变革，从而进一步提升供应链价值。电商对于供应链价值的提升体现在三个方面：一是帮助提高供应链中的信息分享效率，从而缩小供应链运行中的“牛鞭效应”（“牛鞭效应”是供应链管理中最主要的风险），使供应链逐渐放大的波动得以抑制；二是通过改善触达性、丰富性和附着性，为供应链上的企业带来价值提升；三是通过改善流程关系提升供应链的价值。在电子商务环境下，数据信息技术提高了供应链企业间的信息流、资金流、商务流的协调整合，大幅度降低了协调成本，对销售和分销形成有力支持，并促进企业间在能力规划、需求预测和库存管理等方面的合作，帮助其形成供应链的高效率流程，进一步改善组织间关系，提升供应链价值。以下是目前齐商银行一种较典型的基于电子商务的数字普惠金融模式——供应链金融与煤炭交易电商平台融合创新模式。

齐商银行同中国成立最早、规模最大的煤炭电商平台——东煤交易合作的在线供应链金融项目，已通过齐商银行在线供应链平台与东煤交易电商平台的系统直连，实现了交易数据的实时传输，搭配基于煤炭市场专业设计的大数据风控模型，在解决了获客、数据抓取、数据分析及贷款审批效率的同时又通过场景式、交易背景式的数据分析及时准确地把控了贷款风险。业务开展 3 个月时间，已为 8 家煤炭小微企业提供信贷资金 6200 万元，且没有一笔不良贷款，在打通了煤炭交易供应链金融生态圈的同时，也在业内打开了先例，对促进煤炭产业转型升级具有积极的引领作用。该模式曾被中国电子商务创新推进联盟评为“2017 年在线供应链金融 50 佳典型案例”。

（四）基于移动互联技术的供应链金融模式

为缓解小微企业融资贵的难题，齐商银行探索出了“基于移动互联技术的供应链金融模式”。小微企业融资贵的一个重要原因是其所经销的产品层层加价太多，造成小微企业拿货成本较高，在其供应商不能提供赊销的情况下，小微企业只能临时借用高息资金暂时渡过难关。以农资市场为例，层级过多、分销零散是我国农资流通领域存在的普遍问题。单户采购数量小，不能直接从厂家拿货，导致进货价格高。一吨出厂价 2400 元的复合肥经过省、市、县三级经销商，最后到村级零售店就变成了一吨 2900 元，这就造成我国农资产品售价虚高、难以监管、假冒伪劣问题严重且同质化竞争惨烈。

供应链金融与农村电商平台融合创新了融资模式。随着互联网的普及及农户入网率的逐年提升，农村电商、农产品定制、移动互联网等“互联网 +”新业态在农村逐渐发展起来，使用互联网消费、沟通、娱乐的人群在中国农村得到了迅猛发展。基于此，齐商银行先试先行，通过分析农村电商平台积累的数据和信息，寻找农村金融的蓝海市场，探索移动互联的“农村电商 + 信贷”服务新模式。齐商银行依托在线供应链平台，实现与多家电商平台企业的系统对接。第一步，电商平台企业资源计划系统与商业银行在线供应链平台进行对接；第二步，银行根据电商平台推送的订单数据，通过大数据筛选出优质经销商；第三步，银行对符合条件的优质客户授信，款项受托支付给经销商用于进货的手机 APP 账户；第四步，经销商支付货款给某电商平台，电商平台给经销商全额贴息；第五步，经销商向商业银行支付贷款本金。例如，目前齐商银行与某电商平台合作开展的“沃农宝”项目，通过分析农村电商平台积累的数据和信息，探索移动互联的“农村电商 + 信贷”服务新模式。借助移动互联网创新和大数据风控模型的供应链金融服务模式，不但通过集体议价的方式，提高了农户从厂商采购生产资料的议价能力，而且给经销商提供了赊销的空间。信贷资金的定向支付，保证了资金流的封闭运行，并在合约违约风险下向电商平台提供货物回购，保证了资金的安全，真正打通了惠农贷款的“最后一公里”。在业务合作不到半年的时间里，齐商银行累计为 38 户农民发放了 881 万元的平台专用资金，避开了各级经销商的层层加价，进一步降低了农民的融资成本。该模式曾被评为“2017年在线供应链金融50佳典型案例”，并汇编入册。

（五）基于整合化产业链金融的服务模式

为缓解小微企业融资慢的难题，齐商银行通过整合小微企业的产业链条，实现了精准营销和考察。通过借助产业链条的产销一体化模式，实现了资金封闭运行，大幅度提升了授信效率。以下是齐商银行整合化产业链金融服务的实例。

农业是国家经济的命脉，农村金融关系到国家的粮食安全，虽然国家出台多项补贴政策促进农民增收，但是农民融资慢、融资难、融资贵的问题一直普遍存在。为破解这一难题，齐商银行通过与农业龙头企业合作，依托自身供应链平台，充分整合多方互联网资源，打造开放式、综合化的供应链金融服务平台。如齐商银行利用金融服务平台为某惠农企业提供贷款：第一步，农户线上发起贷款申请，银行借助大数据线上筛选客户；第二步，银行客户经理与惠农企业组建的担保公司共同实地考察，核实农户养殖数量、规模、周期等，并对考察合格的农户进行征信调查；第三步，银行与农户签订借款合同、担保合同，由担保公司对授信提供担保，农户与惠农企业签订棚舍抵押协议，在养殖期间以活物作为抵押；第四步，银行提供资金给农户，用于购买惠农企业经营的饲料、良种、药物等，待肉鸡、肉鸭出栏后，销售给惠农企业指定的肉食品加工企业；第五步，农户回款后归还银行贷款。该模式下，资金始终封闭运行，通过锁定资金流和物流把控风险，建立了“获客—贷前调查—贷中审查—贷后管理—内审”等各关键环节的标准化流程，有效防止了资金挪用风险。从齐商银行小微专营机构试点以来，该模式在不到一年半的时间里，4名客户经理累计为2000余户农户发放了近12亿元贷款，达到了普通小微客户经理人均管户数的近3.5倍，人均创利达到普通小微客户经理的2倍，授信效率为传统小微企业授信效率的10倍以上，未出现一笔不良贷款，大大提高了服务效率。

三、商业银行“供应链金融 + 产业链金融 + 科技金融”

数字普惠金融是普惠金融发展的一座里程碑，数字技术以更低的成本有效地提升了金融服务的效率和覆盖面，对传统的普惠金融生态进行了重构，并从支付、小额信贷、个人财富管理等多个领域进行了变革。数字技术带来众多益处：降低成本，创造更好的应用场景，提升用户体验。

（一）互联网的覆盖面积仍然需要扩大

借助互联网来实现普惠的前提是互联网的普及，① 但据《中国互联网络发展状况统计报告》显示，截至 2016 年 6 月，中国网民规模达 7.10 亿，互联网普及率达到 51.7%，农村互联网普及率仅为 31.7%，城镇地区互联网普及率超过农村地区将近 35.6%，这说明仍然有许多的偏远地区并没有在互联网的覆盖范围内。因此提高互联网的覆盖率也应成为现阶段亟待解决的问题。

（二）加强金融知识的普及

当下，金融服务产品如雨后春笋般不断涌现，金融服务的范围也不断扩大，但因为缺乏金融知识与经验，现阶段我国还有部分人群不知道自己该如何获得金融服务，甚至不知道自己可以获得金融服务，对金融政策法规、金融市场、金融风险等的认识更是浅显。这种情况远远不能适应我国金融业发展的要求，也不利于普惠金融的推广与发展。因此在新形势下，加强对社会公众金融知识的普及教育更加重要且迫切。

（三）产权制度需要进一步完善

现如今我国农民对土地只有承包经营权，并不能对土地进行转让，对自己的宅基地也只有使用权而没有交易权，这极大地限制了农村房地

---

① Basu P, Nair S K. Supply chain finance and enabled early pay unlocking trapped value in B2B logistics[J]. International Journal of Logistics Systems and Management, 2012, 12(3).

产交易市场的发展。这也导致农民不可以像城镇居民一样将自己的土地或房子进行抵押，从而使农民没有足够的资产来保证自己能够偿还贷款，银行拒绝提供贷款的概率也因此提高。

（四）加强相关政策体系建设

普惠金融立足于服务中小微企业和低收入人群，且这一群体的金融服务蕴含着巨大的潜在市场，然而由于我国现阶段普惠金融还处于发展阶段，相关政策体系并不是十分完善，对这一潜在市场的发掘工作需要更全面有力的政策体系支持。此外，互联网的进入虽然会带来良好的发展前景，却也可能会导致原有政策适用度下降的问题。所以在发展数字普惠金融的过程中，我们也需要加强在金融监管方面的创新，与此同时也需要做好风险监控工作。

境外上市融资，中小企业多项选择

高健智
中国中小商业企业协会副会长
展腾投资集团董事长

在中国，大多数本土企业家对于境外资本市场还不够了解，这是造成国内A股市场IPO扎堆排队、市盈率偏高的重要原因。经过多年的探索与实践，境外上市路径已经基本成熟，现在需要的就是“走出去”的眼光和选择的勇气。

以“资本”为名，似乎就与资本主义有关，更不用说资本主义国家（或地区）的资本市场了。这曾经让那些以“社会主义经济体制下的企业家”自居的中国企业家心存疑虑。

一、外面的世界很精彩

中国企业当中，第一个赴境外上市的是华晨汽车。1992年10月，华晨在美国纽交所挂牌，募得资金7200万美元，股价在发行当日逆势上涨25%，一个月内从16美元一股涨到33美元一股。由此看来，美国的资本市场对中国企业还是很欢迎的，这是华晨成功赴美上市给中国企业的启示。

第一个“吃螃蟹”，的确需要些勇气。1990年，草根出身的仰融初掌华晨汽车公司时，面临着并购后的财务困境。而上海股票交易所在1990年年底才成立，最初上市的企业数量也只有个位数（所谓“老八股”），在上海证券交易所上市的机会太小。仰融到美国考察之后，发现那里的资本市场很开放，各国企业都可以去挂牌，全球50%的证券交易是在纽交所完成的，于是他便动了“吃螃蟹”的念头。加上1992年邓小平南行讲话，指出“证券、股市，要坚决地试”，基本打消了企业家们的顾虑。

华晨赴美上市的过程中，为满足美国证券交易委员会（SEC）的要求，要解决一系列问题。例如，通过换股实现对主要资产控股50%以上，以及让上市主体在境外（英属百慕大群岛）注册、实行境外造壳上市等。这些操作可谓精彩，给后来者留下不少启示。

华晨成功在美上市之后，中国企业境外上市现象势如潮涌。在当时的环境下还是以国有企业为主，如青岛啤酒等多家制造业企业在中国香港上市。“红筹股”现象就是在那时出现的，中国香港、新加坡、美国等国家与地区兴起一股“中国概念”热。“红筹股”的兴盛鼓励了那些在中国内地注册的大型H股，如华能电力国际、中国东航、南方航空、大唐发电等，在香港完成发行之后，又转而赴美，或以ADR方式或在OTC市场挂牌，进一步提升了“中国概念股”在美国市场的地位。

国有企业的境外上市潮也激励了民营企业。中国民营企业的境外上市潮在20世纪90年代末出现，较具代表性的如鹰牌控股在1999年在新加坡成为首家境外上市的中国民营企业，侨兴环球在1999年成为第一家在美国纳斯达克上市的中国民营企业，裕兴电脑在1999年成为第一家在香港创业板上市的中国民营企业。至此，中国企业在全球主要资本市场的上市路径基本通畅，上市的主体和挂牌的场所形成了较全面的体系覆盖。21世纪之初，以新浪为代表的一批网络股在纳斯达克上市，成为民营企业境外上市大潮中比较耀眼的浪花，更让境外上市的模式深入到每一个中国企业家的心中。

据统计，2016年全年共有118家中国内地企业到境外上市。其中108家在香港实现IPO，共募集资金1553.22亿元；另有10家企业分别在美国纳斯达克（5家）、纽交所（3家）、澳大利亚（1家）与新交所（1家）实现IPO，共募集资金149.36亿元；境外IPO总计118家，募集资金总额1702.58亿元。同期，内地A股有227家企业实现IPO，募集资金总额1498.26元。

截至2016年12月，中国企业IPO融资总额已经占到了全球的33.8%，而美国和日本的市场份额分别为10.6%和8.1%。从单个企业融资规模来看，中国企业也颇具吸引力，中国邮储银行2016年9月在香港上市，净募资566亿港元，曾被认为是年内全球最大IPO，亦是自2014年阿里巴巴赴美IPO（250亿美元）以来世界上最大规模的IPO；但这一数字后来被中通快递和顺丰控股刷新，前者总市值最高时达到140亿美元，后者总市值一度达到2600亿美元。

另外，一项统计或能说明境外投资者对来自中国内地的上市企业的支持度。中国国家外汇管理局2016年3月31日发布的数据显示，截至2015年9月末，境外上市的207家中国企业境外股票总市值6176亿美元，其中境外股东持有4911亿美元，占比79%。

总结起来，境外市场的这些特点是吸引中国企业的魅力所在。一是相对于在内地A股排队等待IPO，境外上市程序快捷、可控。符合条件的企业在启动上市进程之后，一般1年左右即可实现挂牌，节省时间成本，按预期完成资金募集。二是如前所述，虽然IPO企业的数量上仍以内地A股居多，但从募集资金的规模来看，境外市场来源目前已经占优。三是有助于提高企业在境外的声誉，扩大对境外市场客户、用户的影响，尤其是对于互联网企业而言；有助于提升金融信用水平，便于跨境贸易、结算和其他金融服务；也有助于提高企业在境内的声誉——由于违规成本高昂，企业在信息披露方面更加严于律己。四是便于未来增发，实现再融资。例如，在香港H股上市后，既可在香港联交所申请增发（审核相对宽松），也可选择在内地A股增发。

当然，境外市场有其各自的门槛。不同于内地A股市场的是，其门槛较高的地方不在于对企业规模和现有利润水平的要求，而更看重信息披露的真实性、企业的独立性等方面。

二、赴澳上市，中企境外的首选

赴澳上市，对中国中小企业十分有益，政府对于境外上市的企业也有多项政策支持和上市成功后的现金补贴。拟上市企业无不希望在较短的时间内募集到较多的资金，并且付出尽可能小的成本，而这些优势，澳洲资本市场都具备了。放眼全球，澳洲资本市场的性价比是最高的，可作为中国企业境外上市的首选目的地。

澳洲资本市场兼具门槛低、手续简便、投资者力量雄厚、流通市值规模靠前、与中国经济关系密切、时差接近等优势，过去之所以未成为中国企业境外上市的主流市场，是因为中国企业对澳洲市场了解不够，以及缺少专门从事相关服务的专业机构。

随着2015年中澳自由贸易协定的签署，双边经济关系由过去以贸易往来为主，上升到涵盖金融、投资等领域的全面合作，越来越多的华人在澳洲居住、就业，中国企业赴澳上市融资的条件已经很完善，澳洲资本市场性价比凸显，有丰富经验的专业服务机构也已出现。因此，近几年来，赴澳上市成为越来越多的中国企业的选择，甚至渐呈“井喷”之势。

近年来，在澳交所IPO的企业数量在持续增长。2012—2015年，每年的IPO企业数量分别为57家、63家、82家、102家；2016年为89家，略低于2015年；但2017年有再提速之势，已知1—3月共有26家IPO，高于2015年同期的13家和2016年同期的11家。

在澳交所上市的外国公司数量增长也很明显。在2013年之前的十几年时间里只有几十家外国公司在澳上市，2013年6月突破100家，截至2017年3月共有127家（此处均不含NSX和SSE交易所的数据）。其中，2013年、2014年、2015年、2016年在澳实现IPO的外国公司数量分别为7家、10家、12家、21家；预计2017年在30家左右。

澳交所科技板块的吸引力正在赶超美国。2015年，有7家美国高科技公司来澳上市；2016 年，总共有 27 家高科技企业在澳交所实现 IPO，总融资额 6.5 亿澳元，平均每家融资 2407.41 万澳元（约 1.24 亿元人民币）。

（一）澳洲上市的好处暨突出的性价比

1. 门槛更低

一般来说，只要企业运营记录满 3 年，有 2 年以上的报表，即可考虑申请在澳上市。其中，门槛稍高的主板——澳交所（ASX），要求 3 年累计税后净利润在 100 万澳元以上（500 万元人民币左右）。创业板——澳大利亚国家证券交易所（NSX）不要求利润水平，只要有 2 年以上的报表即可；尤其是高科技行业，有保荐机构保荐即可申请上市。悉尼证券交易所（SSE）的门槛要求与 NSX 类似。

企业有形净资产超过 400 万澳元（ASX 板块）或超过 50 万澳元（NSX 板块）即可考虑申请赴澳上市。按照澳方的标准，企业总资产包括知识产权，只要拥有专业机构出具的报告即可。

澳大利亚支持矿业企业“勘探前上市”，即允许矿业企业在没有任何收入的情况下甚至在开展勘探作业之前申请上市，只要拥有勘探许可，以“独立地质学家报告”提供的数据信息为依据即可。澳大利亚鼓励生物科技行业，只要 I 期临床试验通过，暂时没有主营业务收入，也可申请上市。

此外，澳大利亚对上市公司所提交资料的要求也比较简单，尤其在 NSX 和 APX，招股说明书的篇幅比在其他交易所节约一半。

2. 周期更短

在澳大利亚申请上市的效率，是全球发达资本市场中最高的。资料齐全的最短只需要 3 个月，通常在 12 个月内即可完成。其中，申请在主板 ASX 上市大约需要 6 ~ 9 个月时间；申请创业板 NSX 以及 SSE 大约需要 3 ~ 6 个月。具体时间长短与国内企业的规范化程度有关。

NSX 交易所的规则特别简单，并且提供多种灵活的上市方式。在

NSX，按照IPO方式上市的企业只占20%，其余80%的企业是通过发行IM（信息备忘录）或者采用“合规上市”的方式。发行IM上市的特点是不能向散户融资，只能向成熟的投资者融资，这种方式比通过IPO上市要快3~6个月；“合规上市”方式下，企业上市前后三个月不能进行融资，但可以大大提高上市效率，并保留后续融资的机会。

3. 费用更低

在澳洲上市的总成本远低于中国境内和境外的其他资本市场。

4. 融资更易

澳大利亚的投资力量实力雄厚，投资基金池的总规模在2万亿澳元左右，位居全球第三。所吸引的私募股权投资基金占亚太地区的24%，居亚太地区之首。按照澳大利亚的法律，大部分涉及股票配置的基金都要涵盖在澳交所上市的企业。

澳大利亚人每年总收入的9%纳入强制性养老公积金，规模巨大的养老公积金资金流入股市，为股市提供了稳定的资金来源。

澳大利亚的散户投资者（股民）占全国成年人口的36%，以直接或间接方式投资股市的人数占成年人口的54%以上。由于澳大利亚实行红利抵免和资本收益税收折扣等优惠政策，使得投资者购买并持有股票的积极性和信心较高。

源源不断的投资移民是股市资金的重要来源。按照澳大利亚的投资移民政策，重大投资签证所要求的500万澳元投资中至少有150万澳元（最高可投放300万澳元）要投资于符合资格的管理型基金或上市新兴企业。

2010年1月—2016年12月，澳交所IPO融资总额累计达935.45亿美元，略高于中国上交所同期的876.85亿美元，略低于美国纳斯达克同期的1034.38亿美元。

5. 增发容易

企业在澳上市之后，再进行增发也很容易，只要利润为正且有合理的资金用途，即可实现增发。

6. 一地上市，多地挂牌

澳大利亚交易所的软件得到美国和欧盟认可，在澳大利亚挂牌一段时间之后，可申请在美国纳斯达克，以及英国、法国、德国的交易所同时挂牌，甚至可以在多国实现 24 小时交易。

（二）案例分析——鼎盛鑫：纳入标普（澳洲）的中国“信贷工厂”

鼎盛鑫是中国在海外上市的第一家融资担保机构。公司由唐文凤女士等人于 2005 年 8 月在贵州创立，是中国首家中小型企业和个人发展融资方案的专业订制服务机构，也是家庭无抵押装修担保贷款模式的开创者。近年来，在赴澳上市计划的激励和成功上市募集资金的支持下，公司业务不断向全国扩张，快速成长为中国首家全国性的融资担保服务商。

鼎盛鑫赴澳上市对于中国大量的非银行金融服务机构来说是一个借鉴。当然，受资本市场欢迎要以优秀的业绩为前提。其招股书显示，2014 财年鼎盛鑫运营收入达 1441 万澳元（合 7355 万元人民币），税后盈利 1184 万澳元（合 6045 万元人民币）；2013 财年运营收入 913 万澳元（合 4662 万元人民币），税后盈利 581 万澳元（合 2967 万元）。

赴澳上市一年后，鼎盛鑫被列入标准普尔/澳交所指数（S&P/ASX Indices），成为最受关注的企业之一，而企业的发展空间也随着各类合作资源的集聚而进一步打开。

1. 上市诉求：持续增强风险管理能力

融资性担保公司的功能是为中小企业或个人的借款提供增信，助其获得银行贷款，从中收取担保服务费，并承担融资担保的风险。一旦出现风险事件，即借款人违约、不能如期还款的情况，将由担保公司代还款（代偿），代偿率是衡量担保行业压力的主要指标。在当前宏观经济下行的背景下，融资担保的需求会上升，而行业的风险也在上升。中国银监会数据显示，2014 年全行业新增代偿 415 亿元，年末代偿余额 661

亿元，担保代偿率过去几年来呈上升趋势，2011 年为 0.5%，2012 年为 1.3%，2013 年为 1.61%。

中国的担保行业只有 20 多年的发展历史，尚处于成长阶段，应对金融风险的经验有限。而打铁还需自身硬，除了商业模式的优化和日常经营中的谨慎，企业品牌和资金等实力的提升是应对行业风险的基础条件。一旦代偿压力超过了担保公司的承受能力，将导致代偿困难。担保业有“保一赔百”的说法，即担保费用对应着承担的代偿责任。

2. 关键努力

（1）选对上市方向

融资担保类企业在内地资本市场上的处境可谓尴尬。在鼎盛鑫赴澳上市前，除了在“新三板”挂牌，内地尚无融资担保类民营企业成功上市的先例。大部分同行业企业募集资金的方向是在“新三板”挂牌，但对于这些企业来说，“新三板”挂牌之路也不是很顺畅。已成功实现在“新三板”挂牌的融资担保企业中，有不少因未能达到募集资金的预期目标而主动选择摘牌。已在“新三板”挂牌的类金融企业也无法进行定增或其他重大资本运作，不少企业选择主动离开。佳和小贷、三花小贷分别于 2016 年 11 月、2017 年 1 月正式从“新三板”摘牌；融兴担保、亿盛担保均在 2017 年 2 月摘牌；2017 年 3 月，山东再担宣布拟终止挂牌，此前该公司股票的成交额仅为 1260 元。仍在“新三板”坚守的企业，融资状况也不理想。在 7 家类金融企业中，有 2 家挂牌后成交破亿元，另有 2 家成交额在 5000 万元左右，有 3 家自挂牌以来成交额为零。并且，大部分挂牌企业还面临着营业收入下滑和利润下滑的压力。看来，“新三板”不符合融资担保类企业的融资理想。

要上市，就要选对方向。澳洲的金融业发达，金融企业在上市公司中占据了半壁江山，资本市场很欢迎金融企业。并且，在澳洲的交易所挂牌，是真正意义上的“上市”，能够直接面对数量众多的投资者和规模庞大的投资资金。

（2）选对合作伙伴

赴境外上市，必须选择一个专业的合作伙伴全程陪伴上市进程。选对合作伙伴，是鼎盛鑫成功在澳上市的关键。辅导鼎盛鑫上市的 AGC 资本证券，是展腾投资集团在澳洲的公司，持有金融服务牌照，直接为中概股提供全面服务。

展腾投资集团是一家集金融投资、境外上市、基金管理、资产运营等服务为一体的综合性跨国金融服务集团，是境内唯一一家拥有澳洲上市服务、股票承销、金融资产管理等资质的金融机构，下辖北京展腾渤润投资管理有限公司、香港华鑫投资控股公司、澳大利亚 AGC 资本证券有限公司等，在国内多个省区市设有分公司，在韩国、日本等国家和地区亦设有分支机构。

作为第一家拥有澳洲金融全牌照的中国机构，展腾可以为准备赴澳上市的企业提供专业的 IPO 一体化咨询、资产与业务重组、财务税务整理、公司结构设计、出品投资研究报告等全程一站式的财务顾问服务。2017 年 5 月，展腾投资集团的香港主体公司香港华鑫投资控股亦在澳大利亚国家证券交易所（NSX）上市。

（3）先上市再增发

2016 年 3 月，鼎盛鑫以每股 0.6 澳元的发行价在澳交所上市，之后半年多的时间里，股价维持在 0.7 ~ 0.8 澳元的高位，为增发创造了较好的条件。

2016 年 7 月，鼎盛鑫融资担保有限公司成立悉尼分公司。2016 年 9 月 5 日，鼎盛鑫在悉尼 CBD 雷迪森广场酒店举行首场针对境外市场的定向增发路演。通过路演，鼎盛鑫向投资人及专业投资机构发出邀请，希望有更多的投资人及投资机构与鼎盛鑫结识，参与鼎盛鑫的定向增发。鼎盛鑫总裁唐文凤把此次增发和路演视为鼎盛鑫国际化进程的重要一步，以推动鼎盛鑫的普惠金融业务产品在澳洲落地，惠及海外华人和投资人。2016 年 10 月，广西股权交易中心、香港 GEP 资本集团等分别与鼎盛鑫就参与定向增发及双方业务发展合作达成一致并签约。

由此可见，境外资本市场是一个大浪淘沙的地方，对于企业来说，打铁还需自身硬，有坚实的业绩就不用担心市场门槛和市场监督。从近几年的趋势来看，虽然国内外的经济景气指数走低，但中国内地企业赴境外上市的风头仍劲。其中，赴港 IPO 的企业数量和融资规模在 2012—2015 年呈持续上涨态势，2016 年略有下降，大致与 2014 年持平；赴境外其他市场 IPO 的企业数量和融资规模，除 2014 年外，2016 年远超过其他年度。总之，放眼境外资本市场，魅力依然。中国内地的企业家们只要有足够的眼光和勇气，就能充分体验境外资本市场的精彩。

附录

中国中小商业企业协会2017年大事记

1月

• 中国中小商业企业协会2017新春主题报告会在北京远望楼宾馆举行，报告会特别邀请全国政协文史和学习委员会副主任、中国中小商业企业协会咨询顾问委员主任委员叶小文作“国学与现代生活”的主题演讲。

• 以“中小企业走出去”为主题的中国中小商业企业协会2017新春主题报告会分会场在北京中关村皇冠假日酒店召开。协会特别邀请到联合国前副秘书长沙祖康先生。沙祖康先生以轻松诙谐的语言，结合自身丰富的外交经历，生动并深刻地分析了当前国际形势。

2月

• 全球四大传媒集团之一的宏盟集团旗下知名的Porter Novelli公司的首席执行官Brad MacAfee先生、亚太区合伙人兼总裁Angif Schneider女士、大中华区董事总经理Albert Chan先生等一行来访我会。

• 中国中小商业企业协会与北京外国语大学国际商学院进行战略签约，响应“一带一路”倡议，进一步加强双方合作，充分发挥彼此优势，共同为推进中小微企业“走出去”提供智慧支持和渠道。

• 江苏省江阴市国家高新技术产业开发区经济发展局钱建青副局长一行来访我会，就设立江苏转型升级服务办公室相关事宜进行商讨。

• 由中国中小商业企业协会、人人助学（北京）科技有限公司联合举办、中国中小商业企业协会民间资本分会协办的互联网助学金融高层研讨会暨人人助学项目发布会在钓鱼台国宾馆召开，全国人大常委会副委员长、民建中央主席陈昌智出席并作重要讲话。

3月

● 在全国“两会”即将开幕之际，部分在京的全国人大代表、政协委员应邀参加中国中小商业企业协会专题座谈会，围绕中小微企业政策落实、融资问题、实体经济、企业合法权益保护、妇女、军转和大学生创业、中小企业促进法实施等企业普遍关心的热点难点问题进行探讨并听取与会企业的意见和建议。

● 中国中小商业企业协会向国家图书馆捐赠《分析与展望：2016—2017中国中小微企业发展报告》一书。国图工作人员对我会的捐赠表示衷心感谢，并向我会颁发了国家图书馆捐赠证书。

● 为喜迎第107个“三八”国际妇女节，中国中小商业企业协会3月7日在德贝植牙集团讲座大厅举办了别开生面的“向‘她’致敬”沙龙暨2017年度“三八”红旗手表彰会，隆重表彰2017年全国“三八”红旗手郭春玲及协会系统内部评选出的鲍鑫毳等28名“三八”红旗手。

● 张家口市女企业家商会会长刘素梅一行61人到访中国中小商业企业协会。会领导和分支机构负责人任兴磊、刘学民、葛磊、何晓萍等接待一行。双方就两会互惠合作与深入交流、建立会会合作机制等问题达成共识。

● 中国中小商业企业协会在厦门成功举办“落实两会精神，促进企业发展”座谈会。

● 应民建广东省委员会企委会邀请，中国中小商业企业协会副会长、美业分会会长林晓明前往新兴县参观调研。

● 由中国法学会对外联络部主任谷昭民带队，包括南部非洲仲裁基金会、中非联合仲裁中心约翰内斯堡中心主席迈克尔·大卫·库珀和肯尼亚内罗毕国际仲裁中心董事会主席亚瑟·伊格里亚在内的中非联合仲裁中心代表团一行10人参访了中国中小商业企业协会并就双方合作举行了座谈。

● 由中国商业联合会支持、中国中小商业企业协会主办、中国中小商业企业协会美业分会承办的2017首届“贡献中国”企业社会责任论坛暨现代服务业发展推进会议在广州万达索菲特酒店举办。第十届全国人大常委会副委员长、中国关心下一代工作委员会主任顾秀莲出席会议并作重要讲话。

4月

● 中国中小商业企业协会收到国家发改委发来的感谢信。国家发改委对我会开展规划实施年度监测评估工作中的付出与贡献表示衷心的感谢。

● 由各民主党派中央、全国工商联黔西南“星火计划、科技扶贫”试验区联合推动组、贵州省人民政府主办的第五届中国美丽乡村·万峰林峰会在万峰林国际会议中心隆重开幕。我会副会长张修勇率队出席了峰会。

● 由中国中小商业企业协会与江阴市国家高新技术开发区共建的江苏企业转型升级服务平台办公室揭牌仪式暨促进实体经济发展论坛在江阴高新区举办。

● 我会副会长田海龙、副会长兼美业分会会长林晓明、副会长兼管理创新分会会长薛美华、常务副秘书长沈亚桂等一行，应邀拜访中华职业教育社，代表协会向中华职业教育社百年华诞表示祝贺并赠送贺礼。中华职业教育社韩晓光副总干事会见一行并座谈。

● 由中国中小商业企业协会主办的“诚信兴商、赢得市场”2017全国中小企业家活动日在北京举行。国务院有关部委领导和专家出席活动日相关活动并讲话。

5月

● 全国社会组织新闻发言人培训班暨全国领导干部媒介素养培训班总第一百四十七期在中国传媒大学举办，中国中小商业企业协会派员参加。

●中国中小商业企业协会党支部在全会范围内开展了“我们的时代，青年就是担当”青年主题演讲活动。鼓励青年员工把个人梦想与实际工作结合起来，立足本职工作，用实际行动点亮青春梦想，强化责任担当，为协会的发展贡献自己的力量。

●2017年全国职业教育博览会暨中华职业教育社百年历史图片展在中国国际展览中心开幕，中国中小商业企业协会副会长牛涛率团出席并陪同中华职教社副理事长李重庵参观我会展区。

●应中国政府邀请出席“一带一路”国际合作高峰论坛的联合国副秘书长办公室主任陆海天先生到访我会。我会积极组织具有代表性的科技企业代表参加接待和座谈。会领导任兴磊、窦云鹏、田海龙、王守友出席座谈会。

●全国政协副主席齐续春同志莅临中国中小商业企业协会老龄产业服务专委会，就老龄产业服务和康养问题进行专题调研并召开座谈会，中国中小商业企业协会咨询委员、国务院国资委监事会前主席解思忠等陪同调研。

●以“共享机遇、共同受益”为主题的2017“一带一路”沿线国家中小企业合作论坛新闻通气会在北京外国语大学图书馆召开。

●中国中小商业企业协会常务副会长任兴磊一行受邀就中小微企业融资问题赴吉林银行进行调研交流，与吉林银行行领导进行了亲切交流与座谈，并参观了吉林银行小企业金融服务中心以及云上汽车等代表企业。

6月

●被誉为“愤怒的小鸟之父”的魏皮特（Peter Vesterbacka）到访中国中小商业企业协会，就加强中国与芬兰企业之间文化创意交流和创新进行探讨，会领导任兴磊、牛涛、陈建煌与魏皮特先生进行了座谈。

●由中国中小商业企业协会联合中华职教社、北京外国语大学国际商学院等单位共同主办的2017“一带一路”沿线国家中小企业合作论坛于6月14日在北京雁栖湖国际会展中心开幕。此次会议是在“一带一路”国际合作高峰论坛召开后，在北京举行的一次全面贯彻落实论坛精神、推动中小企业创新发展的盛会。第十届全国人大常委会副委员长顾秀莲出席会议并讲话，国家发改委、商务部、工信部以及西班牙、巴基斯坦、尼泊尔、斯里兰卡等国驻华大使馆分别派代表发言。

• 在由中国中小商业企业协会国际合作部安排的国际交流活动中，柬埔寨王国洪森首相助理兼首相警卫部队副司令诺·拉尼木中将一行5人，在中国中小商业企业协会咨询委员刘来运少将，副会长田海龙、窦云鹏、张修勇陪同下拜访了对外经贸大学校长王稼琼教授，王稼琼校长对诺·拉尼木校友的回访表示欢迎和感谢。

• 在中国共产党建党96周年及人民解放军建军90周年即将到来之际，中央军委北极寺老干部局团委邀请了数位新中国成立前参加革命工作的老将军、老干部和数十名青年官兵代表，走进中国中小商业企业协会，用他们对党和人民几十年的忠贞，挥毫泼墨共抒军民鱼水深情，共谱伟大时代辉煌篇章。

• 在建党96周年即将来临之际，中国中小商业企业协会党支部20余名党团青年及会员企业在中国中小商业企业协会党建工作指导委员会副主任、中央警卫局原副局长龚光新少将，中国中小商业企业协会党建工作顾问、总政保卫部原副部长刘来运少将的带领下，赴天津周恩来邓颖超纪念馆开展主题党日活动，进一步深化“两学一做”学习教育，强化对全体党员的革命传统教育。

7月

• 为积极融入和服务国家“一带一路”倡议，由中国中小商业企业协会副会长田海龙带队的考察团赴柬埔寨参访活动圆满落下帷幕。

• 由中央财经大学财经研究院和北京市哲学社会科学北京财经研究基地主办、中国中小商业企业协会和东华书局协办的2017两岸大学生创新创业论坛在中央财经大学学院南路校区学术会堂举办。

• 由中国中小商业企业协会和包商银行共同主办的2017首届中国

小微金融领导人峰会在内蒙古自治区包头市举行。中国中小商业企业协会执行会长、包商银行董事长李镇西出席会议并发表主旨演讲，副会长、齐商银行董事长杲传勇，西安银行行长陈国红、曲靖市商业银行董事长侯宁波等32家城市商业银行负责人出席峰会，峰会主席、包商银行党委书记李献平主持峰会。

●秦安县人民政府领导一行在程江芬县长带领下莅临我会。协会常务副会长任兴磊，协会副会长、展销分会会长鲍鑫毳会见一行。

●在中国人民解放军建军90周年即将到来之际，中国中小商业企业协会会领导任兴磊、陶莹、田海龙、陈建煌、窦云鹏、薛美华、林晓明、王守友和孙进带领30余位会员企业家组成的“八一”拥军慰问团，走访慰问了中央军委北极寺老干部服务管理局，向广大离退休老干部和驻地官兵致以节日的问候和美好的祝愿。

●中国中小商业企业协会推进企业培训教育工作会议在上海召开。会上中国中小商业企业协会培训部代理部长孙士达作了工作报告。

●中国中小商业企业协会推进企业服务江阴座谈会在江阴召开。有关部委领导和江阴市领导、部门负责人以及部分企业代表50多人出席座谈会。会前，江阴市委书记陈金虎会见与会嘉宾一行并介绍了江阴情况。

8月

●人社部立项对中国中小商业企业协会老龄产业专委会创新养老服务模式进行课题研究。

●应中国中小商业企业协会邀请，中共中央对外联络部前副部长、全国政协外事委员会委员、中国人民争取和平与裁军协会副会长于洪君同意担任我会国际咨询委员。

●中国中小商业企业协会与Porter Novelli公司举办了盛大签约仪式，共同推动大中华企业服务平台的成立，为推动中国中小企业“走出去”提供精准的国际化咨询服务。中国中小商业企业协会高级顾问、外交部部长前助理、驻联合国前大使沈国放，中国中小商业企业协会常务副会长任兴磊，Porter Novelli 公司 CEO Brad MacAfee 出席签约仪式并接受新闻媒体的采访。田海龙、张修勇、夏赶秋、孙进等协会相关领导及会员出席本次活动。

● 由中国中小商业企业协会国际合作部和中国贸促会研究院国际投资研究部联合主办的2017首届中国特色小镇投资运营与资源整合圆桌会议在协会会议室召开。来自国家有关部委的政策制定者、小镇建设的相关专家学者、小镇代表、投资机构代表、媒体代表以及会员企业代表等40余人参与会议讨论。

● 由中国中小商业企业协会、中国贸促会研究院联合主办的2017中国民营企业营商环境座谈会在协会会议室召开。中国贸促会贸易投资促进部副部长朱凌燕、中国中小商业企业协会常务副会长任兴磊出席并致辞。

● 全国政协委员、民建中央委员、爱国者诚信联盟董事长冯军走进中国中小商业企业协会，向青年创业者分享民族品牌“爱国者”走进国际舞台的发展历程。

● 中国中小商业企业协会重点民参军项目综合评估与闭门咨询会在京召开。

9月

● 民进中央社会服务部副部长朱一多一行到访中国中小商业企业协会，随同来访还有贵州省金沙县县委常委、统战部部长蒙敏，县政府副县长罗培林、杨宗麟等。任兴磊会见一行并会谈，窦云鹏、王守友出席，牛涛主持座谈。

● 中国中小商业企业协会常务副会长任兴磊率美业分会、展览展销分会、农业商业分会主要负责人和部分会员企业赴甘肃省秦安县就精准扶贫进行调研和项目对接。

● 中国中小商业企业协会调研组任兴磊、夏赶秋、许湘一行就民间资本投资养老服务工作专程赴青海省西宁市进行调研，并慰问在青会员企业。民建青海省委主委王舰、专职副主委王建民、西宁市政协副主席满开清、互助土族自治县人大常委会副主任赵元玺以及会员企业代表张秋菊等陪同调研或参加座谈。

● 由中国中小商业企业协会联合美国商务部少数族裔商业发展署、加州经贸发展协会发起的中美经贸合作战略合作签约仪式在洛杉矶举行。

● 由中国中小商业企业协会、中华职业教育社、中国商业联合会、民革、民盟、民建、民进、农工民主党、致公党、九三学社、台盟等各党派中央社会服务部和陕西中医药大学联合主办，包商银行冠名，中国人民对外友好协会、国家工商总局企业监督管理局共同支持的第十二届中国中小企业家年会新闻发布会在京召开。

● 全国政协办公厅、中共中央统战部、国务院侨办、国务院港澳办、国务院台办28日晚在人民大会堂联合举行国庆招待会。中共中央政治局常委、全国政协主席俞正声与2800多名港澳台侨各界代表欢聚一堂，庆祝中华人民共和国成立68周年。中国中小商业企业协会副会长林晓明、赵鹏应邀出席。

10月

● 中国中小商业企业协会副会长、中关村文创游戏产业发展联盟主席牛涛博士受芬兰新任驻华大使亚诺·赛亚拉先生的邀请，出席了芬兰教育和科技部部长桑妮·格兰·拉森宁女士来华的欢迎晚宴。

● “创业粤港澳，创新大湾区”2017粤港澳大湾区中小企业金融商业模式创新论坛在深圳召开。

● 为喜迎中国共产党第十九次全国代表大会，由中国中小商业企业协会企业书画院和津桥国际集团共同主办的书画笔会在京圆满举行。

● 中国中小商业企业协会党支部组织全体党员和在京副会长、分支机构负责人认真传达学习十九大精神，大家表示，要树牢“四个意识”，坚定理想信念，在以习近平同志为核心的党中央坚强领导下，坚定不移全面从严治党，不断提高党的执政能力和领导水平，勠力同心夺取新时代中国特色社会主义伟大胜利。

11 月

● 由协会主办、展览展销分会和海尔集团承办的“产业 + 扶贫”主题研讨会在京举行。王民会长代表协会致辞，鲍鑫毳副会长和海尔集团代表分别介绍了项目合作情况。商务部前副部长张志刚，中国商业联合会会长、第十二届中国中小企业家年会组委会共同主席姜明，全国部分贫困地区县代表及企业家代表200余人出席会议。

● 中国中小商业企业协会会领导任兴磊、许湘应邀出席第五届中国阿拉伯友好大会，并代表协会就社会组织参与“一带一路”和中小企业走出去等议题分别作主旨发言并参与小组讨论。

● 科威特中国友好协会优素福·阿里米主席一行应我会国际合作部的邀请来访协会。

● 应中国中小商业企业协会邀请，苏丹中国友好协会秘书长希尔·艾哈迈德到访我会，会领导赵鹏、许湘与其座谈，双方就相关合作达成意向。

● 中国中小商业企业协会与怀化市人民政府在京举行座谈会，双方就相关合作及招商引资情况进行沟通，并就相关合作达成共识。会领导任兴磊与怀化市副市长刘文胜出席会议。

● 中国中小商业企业协会换届大会在京召开。国务院国资委监事会主席董树奎到会祝贺，商务部、工信部、民建中央、九三学社中央有关领导和嘉宾，以及来自友好协会和企事业单位的会员代表300多人参加了会议，王民代表第二届理事会做报告。会议由中国中小商业企业协会副会长任兴磊主持。王民当选第三届理事会会长，李镇西、杲传勇、陈建煌、牛涛、田海龙、陶瑩、周金黄等25人当选副会长，李献平当选第一届监事会监事长，杨斐任秘书长，汪官蜀、姜经洪、夏赶秋等47人任主席团成员。

● 由中国中小商业企业协会、中华职业教育社、中国商业联合会、各民主党派中央社会服务部和陕西中医药大学联合主办，包商银行冠名的第12届中国中小企业家年会在北京人民大会堂举行开幕式，主题为

“匠心、赋能、变革、价值”。本届年会旨在落实十九大精神，秉承贯彻新修订《中小企业促进法》、弘扬新时代企业家精神、服务“一带一路”建设、促进中小微企业发展的宗旨，围绕人工智能、大数据、大健康、共享经济、云计算、养老产业、美业职业教育、管理创新、“一带一路”国际教育、特色小镇建设、农商对接、文创娱乐、普惠金融等举办了18场主题论坛。首届中国公共设施服务与维护博览会在北京农展馆举行。第十届全国人大常委会副委员长、中国关心下一代工作委员会主任顾秀莲出席开幕式并会见与会贵宾，全国政协副主席齐续春出席年会养老产业座谈会并讲话，162位国务院有关部委领导、专家学者、企业家代表发表演讲，5000多名代表分别出席年会系列活动。

12月

• 中国中小商业企业协会监事长李献平应邀出席第十九届中国·湄洲妈祖文化旅游节。

• 河北省邯郸市政协副主席、民建邯郸市委主委李海平一行到访中国中小商业企业协会，会领导任兴磊、夏赶秋、窦云鹏会见一行并座谈。

• 中国中小商业企业协会监事长、包商银行党委书记李献平在田海龙副会长的陪同下就落实三届一次理事会精神、服务会员企业发展赴江苏调研，听取会员企业介绍，召开座谈会，就相关工作作出部署。

• 中国中小商业企业协会副会长田海龙、夏赶秋率队就落实三届一次理事会精神赴江西省赣州市调研。

• 中国中小商业企业协会副会长杲传勇就落实三届一次理事会精神、加快金融扶持小微企业发展赴山东省济南市、威海市调研。

• 中国中小商业企业协会副会长汪官蜀就落实三届一次理事会精神、加快中小企业产业园区建设在重庆召开座谈会。

• 中国中小商业企业协会副会长陈建煌、叶文贤就落实三届一次理事会精神、实现产业转型升级在江苏召开座谈会。

• 中国中小商业企业协会副会长薛美华就落实三届一次理事会精